# 从小懂礼仪

［日］西出博子　［日］川道映里 / 著
边大玉 / 译

中信出版集团 | 北京

图书在版编目（CIP）数据

从小懂礼仪 / (日) 西出博子, (日) 川道映里著；
边大玉译. -- 北京：中信出版社, 2021.12（2023.3 重印）
ISBN 978-7-5217-3725-7

Ⅰ. ①从… Ⅱ. ①西… ②川… ③边… Ⅲ. ①礼仪-
儿童读物 Ⅳ. ①K891.26-49

中国版本图书馆CIP数据核字(2021)第220523号

10SAIMADENI MINITUKETAI ISSHOUKOMARANAI KODOMO NO MANNER
by Hiroko Nishide, Eri Kawamichi


从小懂礼仪

著　　者：[ 日 ] 西出博子　[ 日 ] 川道映里
译　　者：边大玉
出版发行：中信出版集团股份有限公司
（北京市朝阳区东三环北路 27 号嘉铭中心　邮编　100020）
承 印 者：北京中科印刷有限公司

开　　本：880mm × 1230mm　1/32　　印　　张：5　　字　　数：90 千字
版　　次：2021 年 12 月第 1 版　　印　　次：2023 年 3 月第 2 次印刷
京权图字：01-2021-6183
书　　号：ISBN 978-7-5217-3725-7
定　　价：39.80元

# 前言

衷心感谢每一位翻开本书读上一读的小读者，谢谢你们。

在每一天的日常生活中，我们都会见到自己的家人、学校的老师或者身边的朋友，就算是走在路上，我们也同样会遇到一些不认识的人。

无论是上述何种情况，我们应该都不希望自己的行为让对方感到不开心吧。

为了帮助大家能够与周围的人愉快相处，我们将在本书中采用轻松易懂的方式来给大家介绍一些生活方面的礼仪。当然你可以选择自己一个人翻看本书，不过如果能够和家人或者朋友一起结伴阅读的话，得到的乐趣也会一同翻倍。

在掌握了这些礼仪之后，大家不仅会变得更加出众、更加可爱、更加帅气，还会成长为懂得关怀别人的暖心小可爱呢！

让我们与本书中的小朋友乖乖和壮壮、小兔子米米、小狐狸坤坤、小鸟波比还有其他的小动物一起，来学习这些生活中的礼仪吧！

## 写给家长的一段话

每天都在照顾孩子的家长们，你们辛苦了。
在编写本书的过程中，我特意选择了孩子们也能明白的易懂语句。
如果各位家长能给孩子声情并茂地进行朗读的话，效果应该更好。
在这里，我衷心地希望本书能够为您与孩子之间实现良好沟通提供些许帮助。
除此之外，我也由衷地希望各位家长能够借此机会，重新认识到礼仪的重要性。

# 目录

## 第一章 在家时的基本礼仪

### 让家里的每一个人都能过得开开心心


- 道一声“早安”“晚安”时别忘了微笑 2
- 活力满满地告诉大家“我出门啦”“我回来啦” 4
- 脱下来的鞋子，你摆好了吗？ 6
- 洗完澡之后要做的几件事 8
- 家里的卫生间要保持整洁 10
- 厕所没有纸了怎么办？ 12
- 换下来的睡衣和衣服要收好 14
- 递给别人东西时，态度要温和 16
- 学会爱惜东西 18
- 关门时动作要轻柔一些 20

- 出门别忘了带手帕和纸巾 22
- 指甲要修剪得整齐干净 24
- 垃圾请扔进垃圾桶里 26

## 第二章 永远不会让人丢脸的餐桌礼仪

### 从刀叉筷子的用法到外出吃饭


- 吃饭时不要发出声响　30
- 吃饭时不能走来走去　32
- 嘴里有东西的时候不要说话　34
- 你会在吃饭时把胳膊架在桌子上吗？　36
- 食物吃不完时应该怎么办？　38

日料篇

- 你的筷子拿得好吗？　40
- 饭碗在左，汤碗在右，筷子横放在中间　42
- 筷子的使用禁忌　44
- 碗的拿法　46
- 有些餐具可以端起来吃，有些却不能　48
- 带刺的鱼怎么吃才优雅？　50

西餐篇

- 刀叉勺的使用方法　52
- 刀叉的使用禁忌　54
- 勺子的英式用法与法式用法　56

- 吃面包时，注意不要引起别人的不满　58
- 盘子里盛有多种菜肴时应该怎么吃呢？　60

到店用餐时的礼仪


- 中餐厅用餐的注意事项　62
- 在快餐店或自选点单的餐厅时……　64
- 在饮料吧或沙拉吧取餐时要注意控制量　66
- 吃自助餐时容易出现的错误　68
- 不要在店里跑来跑去　70
- 不要乱动餐桌上的调料　72
- 擦手巾是用来擦手的，可不能擦桌子　74
- 在环境优雅的餐厅中用餐时……　76


## 第三章 公共场合中表示对他人关怀的礼仪

**在大街上、在交通工具上、在婚礼或葬礼上……真心是可以用形式表达出来的**


- 只要做到守约、守时、守序，大家就会很开心呢　78
- 地铁应该是下车的人优先，还是上车的人优先？　80
- 在电梯或扶梯上时……　82
- 为了他们，要记得开门之后把门扶好　84
- 走路的时候如果撞到了人……　86

- 不能在马路上嬉戏打闹　88
- 走路或骑车时不要使用手机　90
- 不要拿着雨伞玩来玩去　92
- 给遇到困难的人撑把伞吧　94
- 不要在美术馆、博物馆和图书馆等场所聊天儿交谈　96
- 参加婚礼或葬礼时，我们应该安静地坐好　98
- 使用公共卫生间之后记得收拾整洁再离开　100
- 用过的东西要放回原处　102
- 接东西或递东西时要注意物品的朝向　104
- 去别人家串门时　106
- 逛超市时要注意的几件事情　108

第四章

换一种说法，世界大不相同——说话的礼仪

道歉、恳求、交谈……招人喜欢的孩子如何说话、如何聆听

- 换一种说法能让人变得温和，也能让人觉得可怕　110
- 说话时的“位置”　112
- 与长辈交谈时……　114
- 与人说话时不要“开门见山”　116
- 拜托别人帮忙时应该怎么说？　118

• 会说话的人，同样也会倾听 120
• 别忘了回应对方 122
• 有人来找自己时要记得面向对方 124
• 别人说话时不能插嘴 126
• 一定不要说别人的坏话 128
• 道歉的时候应该怎么说呢？ 130
• 收到礼物时要记得表达喜悦之情 132

## 终章 致各位家长——礼仪不是教出来的，而是传递出来的

• 不要“告诉”孩子，而是要“做”给孩子看 134
• “应该在什么时候开始教孩子学礼仪呢？”有关礼仪教育的时间问题 136
• 教孩子学习餐桌礼仪时的诀窍 137
• 你有没有意识到自己正在当着别人的面训斥孩子、教育孩子呢？ 139
• 真正的礼仪是为了养成一种温和的生活态度 141
• 参加儿童礼仪讲座之后大家的心得体会 143

# 第一章

# 在家时的基本礼仪

让家里的每一个人
都能过得开开心心

# 道一声“早安”“晚安”时别忘了微笑

清晨代表着一天的开始。从睡梦中醒来，记得要对自己说一声“早安”。接下来，无论是对父母、家人还是家里的宠物，又或是在外面碰到其他人，我们也都要笑着道一声“早安”。这样一来，大家便也会笑盈盈地回应你一句“早安”啦。

在“早安”两个字的背后，其实蕴含着“今天一天也要请您多多关照”“今天也要和大家一起开开心心地度过愉快的一天”等深意。

而到了晚上要睡觉的时候，我们还要对大家道一声“晚安”。这一声“晚安”，也就表达出了“今天谢谢您”“今天好好休息，明天再见”的意思。

**要点**

- 打招呼时要看着对方的眼睛
- 学会微笑着打招呼
- 每天早晚两次的问候是必须的呢

对家里的宠物或花草道声“早安”，它们也会绽放出美丽的笑脸。

### 写给家长的一段话

“早安”和“晚安”作为日常生活中的一种问候，可谓是基本礼仪中的基本所在。尽管各位家长可能会有意识地对孩子进行问候，但是在大人与大人之间（比如爸爸与妈妈之间）、在面对家里的宠物或花草时，家长们又做得如何呢？这些基本的问候方式需要大人首先起到表率的作用，孩子自然就会进行模仿了。

# 活力满满地告诉大家“我出门啦”“我回来啦”

在要出门或者回到家的时候，一种是静悄悄地一言不发，一种是和家人打声招呼，你觉得哪种方式更好呢？

如果我们一句话都不说就出了门，那么家里人就不知道你是什么时候离开的，也不知道你去了哪里，这样可是会担心你的呢。

不仅如此，要是我们静悄悄地回了家，家人如果没有注意到我们已经回来了，很可能就会被我们拿东西发出的声音吓到，甚至可能会以为是家里进了小偷呢。

所以无论是在出门的时候还是在回家的时候，我们都要活力满满地大声告诉家人“我出门啦”或者“我回来啦”。此外，如果能在“我回来啦”这句话之后补充一句“爸爸妈妈，我回来啦”或者“爸爸妈妈，我到家啦”的话，会显得我们更有礼貌。

**要点**

- 出门的时候活力满满地说一句“我出门啦”
- 回家的时候开开心心地道一句“我回来啦”
- 这两句问候语要记得自己主动说

“爸爸妈妈，我出门啦。”“妈妈，我回来啦。”
在打招呼的时候加上对方的称呼，更能表达出我们的心情。

## 写给家长的一段话

打招呼的意义所在，想必您应该是知道的。在日语中，打招呼一词写作“挨拶”，其中“挨”表示打开心扉，“拶”表示靠近对方，所以打招呼的原意就是要向对方打开心扉，靠近对方，构筑彼此间良好的关系。如果您能将打招呼的这一层意思清清楚楚地告诉孩子们，相信他们也会懂得其中的深意，自然而然地学着打招呼了。

# 脱下来的鞋子，你摆好了吗？

你是不是也会把鞋子一脱就不管了呢？

每双鞋子都分为左右两只，这一左一右的两只鞋子可是一对好朋友呢。所以，如果我们总是把左右两只鞋子乱丢的话，它们真的会很可怜。

门口的玄关就是鞋子们的“家”。我们要将鞋子放在玄关的一角，或者放在鞋柜里面。鞋柜是鞋子们休息的地方，所以我们也要让鞋子们白天小睡一下，或是晚上好好睡上一觉。

在家人或者客人要出门之前，如果我们能将他们的鞋子摆在玄关中央的话，不仅他们穿鞋会容易一些，也会让人感到很亲切呢。

此外，在去别人家做客的时候，自己脱下来的鞋子也要记得摆好。在学校或医院等需要换鞋才能进入的地方，鞋子也是一定要摆放整齐的。要是有专门放鞋子的地方，别忘了把脱下来的鞋子放进去。

**要点**

- 鞋子上的灰尘和泥土要在外面弄干净了再进门
- 去别人家做客时，脱下来的鞋子要放在角落里
- 回到家时，脱下来的鞋子记得放入鞋柜

**鞋子的脱法**

脱鞋的时候要面向家里，可不要背对着家里脱鞋哟。

**在自己家时……**

**脱下来的鞋子记得放进鞋柜。**

**在别人家时……**

将两只鞋子一并拿起，放在玄关的一角。

# 洗完澡之后要做的几件事

浴室是大家清洁身体的场所，是很重要的一个地方。因此，我们在洗澡的时候一定要记得心怀感激之情，同时也要小心不要被热水烫到或是被肥皂滑倒。毕竟烫到或是受伤的话可是很难受的，所以我们一定不可以在浴室里嬉戏打闹。

为了不让其他人也受到伤害，我们还要把肥皂泡泡好好地冲洗干净。另外，用完的小盆等工具要细心擦掉水渍，这样就能让别人感到很舒心呢。

对了，玩完的洗澡玩具也要记得洗净擦干。对这些玩具道一声“晚安”，说一声“谢谢”，然后就将它们放回到原来的地方去吧。

**要点**

- 将四周的肥皂泡泡冲洗干净
- 用完的东西放回原处
- 离开浴室前，记得拿热水将用过的地方冲洗干净
- 离开浴室前，轻轻擦拭身体，不要把换衣服的地方弄湿

## 洗澡时要注意的三件事情

*洗澡用的小盆，记得用水冲干净后放回原位。

*玩具也要放回原来的位置。

*用浴巾或毛巾擦干身体之后再离开浴室。

### 写给家长的一段话

很多人都会选择用毛巾来清洗身体。在泡温泉的时候，家用的毛巾也是可以带进去的。孩子们如果能记住洗毛巾、拧毛巾和擦身体这些动作，在公众场合也会更方便。

# 家里的卫生间更要保持整洁

无论大便还是小便，我们都需要使用卫生间。为了让大家都能安安心心地解好大小便，卫生间也是一个很重要的地方呢。因此，我们在使用时一定要注意保持卫生间的整洁和干净。

不仅如此，卫生间并非是一个人独占的，毕竟家里人都要用到。所以，为了方便他人使用，我们在离开卫生间之前要记得将弄脏的马桶或地面清洁干净，同时也不要忘了把拖鞋摆放整齐，以便他人穿着。

万一卫生纸用完了的话，还要注意及时换上新的。

另外，如果在卫生间内感到不适，又或者便秘难受的话，一定不要觉得害羞，而是要赶紧喊家人过来。这种时候切记不要自己一个人苦恼，而是应该积极向别人寻求帮助。

**要点**

- 如果弄脏了马桶或地面，请记得清理干净（自己无法完成时，要跟家里人说）
- 确认马桶彻底冲干净之后再次盖上马桶的盖子
- 没有纸了要和家里人说一声
- 在卫生间里感到不舒服时，记得喊家人来帮忙

## 在家上厕所时的规矩

*不要将卫生纸折成三角形。
折成三角形表示“已经专门打扫过了”。

*上完厕所要盖好马桶盖子。

*不要把水溅得到处都是。

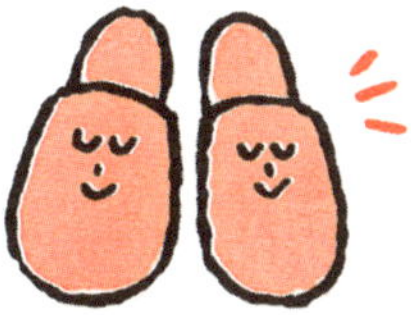

*拖鞋要摆放整齐，以便他人穿着。

*卫生间的门要关好。

*离开时别忘了关灯。

### 写给家长的一段话

在孩子们彻底脱掉纸尿裤之后，我们就可以将“上完厕所记得盖好马桶盖子”之类的卫生间礼仪告诉他们了。另外，孩子就算可以自己一个人上厕所了，有时也会因为某些情况而困在卫生间里不好意思求助。所以，如果发现孩子进去很久都没有出来，大人要记得敲敲门问下情况。

# 厕所没有纸了怎么办?

有时我们会发现厕所里的纸用完了。如果刚好是你用完了卫生纸，你会怎么办呢?是选择置之不理，直接离开厕所吗?

这种时候，我们要学会替下一个使用厕所的人考虑。这样一来，答案也就显而易见了。为了让后面的人使用方便，我们自然应该换上一卷新的卫生纸。

如果换纸很麻烦的话，我们也可以向家里人寻求帮助。另外，就算纸还没有用完，但是剩下的已经不太多时，拿卷新的预备在旁边也会显得你更加懂事呢。

不只为自己考虑，更能考虑到别人——抱有这种关怀他人的想法不仅可以让别人减少不必要的麻烦，而且还会让人感到十分愉悦。

**要点**

- 要学会替下一个上厕所的人考虑
- 换上新的卫生纸
- 准备几卷替换用的卫生纸
- 用完的卫生纸简要扔掉

换上新的卫生纸。
如果不会更换的话，记得问问家里人。

# 换下来的睡衣和衣服要收好

换下来的睡衣和衣服，你们会怎么处理呢？该不会脱下来随手一丢吧？还是会任性地觉得家里会有人帮忙收拾呢？试想一下，如果大家都把衣服随手一丢的话，就必须要有人来帮忙把这些衣服叠好才行。所以，自己能够完成的事情，还是要自己去做。

睡衣和外穿的衣服不仅要叠整齐，而且还要放在和家人商量好的指定位置。另外，外套、夹克或者连衣裙等怕皱的衣服要挂在衣架上放好。

要洗的内衣或袜子同样不能随手乱放，而是要放进脏衣篓里。洗好晒干的内衣和袜子则应该在叠好之后放入指定的柜子等地方。这样一来，我们在需要的时候就能立刻找到想穿的衣物，很是方便。

**要点**

- 随手乱丢的话，衣服可是会伤心的
- 衣服要叠放整齐或者挂在衣架上放好
- 衣服要放进指定的位置
- 要洗的衣服也要放在指定的地方

## 你有没有将衣服叠整齐或者挂起来呢?

* 睡衣要叠好。
* 衣服和内衣叠整齐后要放入指定的地方。
* 第二天要穿的衣服和袜子，可以提前放在枕头旁边再睡觉。

**写给家长的一段话**

如果家里有很多相似的东西，又或者要放的地方不太明确的话，孩子们就无法清楚地知道应该把什么东西放到什么地方去。建议大家现在就来彻底地明确一下家里衣物摆放的规矩，并逐一地进行确认。

# 递给别人东西时，态度要温和

在给别人递东西时，如果一言不发地突然塞给对方，有时可是会发生危险呢。所以在递东西之前，我们要把这个东西给谁，就应该先和对方打个招呼。比如我们现在要把书递给妈妈，就应该先喊一声“妈妈”，而妈妈听到之后便会转过头来询问我们有什么事。

“我拿回来一本书。”说完，我们就可以将书递给妈妈了。如果平时大家也都用这样的方式进行交流的话，我相信你们的妈妈也会很开心的。

另外，如果递交的物品很重或者很烫的话，提前告知一声“东西有点儿重”“小心烫”会显得更为贴心。

学会关怀和体贴住在同一屋檐下的各位家人，并能够将其付诸语言和行动的话，你就是一个非常出色的人啦。

**要点**

- 递东西时不能扔，更不可以用单手随便一丢
- 递东西之前要和对方打个招呼
- 告诉对方具体是什么东西之后再把东西递给对方
- 拿到东西之后记得说一声“谢谢”或者“好的”

⭑ 可能会扔到别人身上，甚至让人受伤。
⭑ 不仅书会被摔坏，地板也会被砸坏呢。

如果很烫的东西不提前告知对方，可是会把人烫伤的呢。

# 学会爱惜东西

大家平时经常玩的玩具和游戏，到底属于“人”还是“物”呢？

没错，答案就是“物”。在与人交往中态度温和有礼、懂得为人着想十分重要，其实在对待物品时也同样如此。毕竟，这些物品也一直都在为了我们默默地做着贡献呢。

以玩具这种“物品”为例，假如我们不爱惜它们的话，玩具可是会坏掉的。坏掉的玩具就不能再玩了呢。

此外，花草树木等植物其实也属于“物”。这些植物会产生出人类生存所必需的氧气，所以我们也要好好地爱惜植物。

那些能够善待他人、善待物品的人，同样也能够得到周遭事物的善待。这种彼此关心、互相体贴的关系不仅很棒，而且还能让大家的心情都变得愉悦起来。

**要点**

- 对待玩具或桌子等物品时也要懂得体贴爱护
- 花草树木也是生命，要好好爱惜
- 拿取东西时记得用双手小心轻放
- 不要忘了，玩具等物品也都是人们用心制作出来的

**单手拿玩具的话……**

玩具可能会摔坏的！
（特别是容易摔碎的东西会很危险）
不仅如此，这样做还会弄坏地板，甚至有可能令你或家人受伤。

**拖着椅子走的话……**

不但会划伤地板，而且椅子腿也会受伤。

## 写给家长的一段话

万物有灵。一旦有了这样的认识，我们自然就会养成东西要轻拿轻放、用完要放回原处收拾整齐的意识。小孩子不知道爱惜东西，也许原因就在于他们并不知道物品也同样具有生命。这时，我们可以试着给物品取上名字，孩子们也就会对物品产生感情，知道爱惜了。

# 关门时动作要轻柔一些

关门的时候发出“砰”的一声巨响，大家觉得好吗？事实上，这样做的话，门可是会大声哭着喊疼的呢。所以，关门时我们要动作轻柔一些，最好能用双手将门慢慢地关上。

另外，为了保护他人及宠物和物品不被夹到，我们在关门之前需要仔细地看一看四周。万一没注意到旁边有人，而且又“砰”的一声用力关门的话，不仅门会受伤，还会给别人或宠物带来巨大的伤害，所以在关门之前一定要留心四周情况。

不仅如此，关门发出的巨大声响还有可能会把别人吓到，甚至还会吓得人心脏病发作呢。所以，我们关门的时候动作要温柔一些。

**要点**

- 用两只手将门慢慢地轻轻关上
- 关门时尽量不要有声音
- 确认四周情况之后再关门，以防夹到别人或宠物房门都在喊疼呢。

小心不要夹到别人，
也不要夹到宠物和其
他东西。

# 出门别忘了带手帕和纸巾

在公园玩耍时把手弄脏了，又或者去过厕所之后，我们都会清洗一下双手。洗过手后你会怎么做呢？一般大家都会用手帕将手擦干。如果手上有水却不擦的话，可能就会把自己和朋友的衣服弄湿了。

说起来，手帕其实也有着许多不同的材质。擦手或擦汗时使用的手帕，最好能选择吸水性较好的毛巾材质。当然，纯棉的手帕也是很不错的呢。

另外，为了方便擦鼻涕或者擦鼻血，我们在出门时还应该随身带好纸巾。在公园或是洗手池旁如果有什么地方脏了的话，我们也可以用纸巾擦干净，十分方便。不过需要注意的是，用完的纸巾要记得扔进垃圾桶。如果没有找到垃圾桶，礼貌的做法是自己带回家再进行处理，可千万不能扔在路上。

**要点**

- 用手帕擦手或擦汗
- 记得每天带一块干净的手帕
- 用过的纸巾不要扔在地上

**有手帕的话……**

⭑洗完手之后可以用来擦干手。
⭑可以擦汗。

**有纸巾的话……**

⭑可以用来擤鼻涕。
⭑饮料洒了可以用来擦干净。

# 指甲要修剪得整齐干净

你知道吗，其实指甲是人体的一个重要的组成部分，可以用来保护我们的手指。所以，我们一定要经常好好地保养自己的指甲。如果一直不剪的话，指甲就会长得很长，不仅容易开裂，而且还可能会断掉。

此外，过长的指甲还有可能被东西勾住，甚至会造成指甲的脱落。一旦指甲脱落，不仅会给我们带来巨大的疼痛，而且细菌还会趁机侵入人体，让我们的身体生病。这很吓人对不对？所以，我们一定要记得修剪指甲。

还有，如果指甲太长，在玩耍的时候就有可能会抓伤朋友，还有可能会弄坏东西。

事实上，我们的指甲每天都在健康地生长，而这些长出来的指甲要记得好好地剪掉。指甲修剪得整齐干净，不仅指甲健康，我们的生活也能因此而变得更加安全、更有活力。

**要点**

- 指甲长了需要修剪时，会用到指甲刀和磨甲器
- 自己不会剪的时候，可以向家人寻求帮助
- 指甲不要剪得太深
- 不要用牙啃咬指甲，也不要用手去撕指甲

**指甲长长了以后……**

可能会不小心抓伤朋友呢。

## 写给家长的一段话

各位家长平时应该也都很忙吧。在百忙之中，我还是希望大家能够抽出时间来关注一下孩子的身体健康以及皮肤和指甲的情况。孩子还小的时候，一般都是由家长帮忙修剪指甲。等到孩子差不多可以自己剪指甲时，也请各位记得在旁边看着他们，并在指甲剪得很好的时候适时地拍手进行鼓励。另外，指甲旁边的倒刺和死皮也请帮孩子一并处理妥当吧。特别是倒刺，如果孩子处理不当很容易造成红肿化脓，存在着一定的危险。

# 垃圾请扔进垃圾桶里

生活中出现的垃圾，大家是怎么处理的呢？该不会是放在一边就不管了吧？

有了垃圾以后，我们要将这些垃圾仔细地扔进垃圾桶里。如果每个人都能这样做，相信我们的桌子和房间会感到十分开心，毕竟它们就可以一直保持整洁了呢。

不仅如此，知道扔垃圾也会让家里人觉得轻松不少。试想一下，如果每个人都不扔垃圾的话，家里就会变得垃圾成山，而此时也就必须要有人来将这些垃圾处理掉。

购物、做饭、上班、打扫，家里人已经为我们做了太多太多。将垃圾扔进垃圾桶里，也是我们给家里帮忙的一种方式。所以，就算是别人的垃圾，看到了也要记得一起扔掉。这样一来，他们就会用一声“谢谢”来表扬我们呢。

**要点**

- 垃圾要扔进垃圾桶里
- 扔垃圾时，要记得把垃圾弄小一些
- 对垃圾进行分类之后再扔

**不扔垃圾的话……**

* 房间会变得臭烘烘的。
* 灰尘和螨虫会让人感到不适。
* 可能还会招来蟑螂。

# 第二章

# 永远不会让人丢脸的餐桌礼仪

从刀叉筷子的用法
到外出吃饭

# 吃饭时不要发出声响

我们在吃饭时应该选择一个干净整洁的房间，所以就需要我们将玩具好好地收起来。

即便是在国外，大家也都要从小学习吃饭时的礼仪。

比如，要是在吃饭的时候听到刀叉餐具丁零当啷的碰撞声，又或是听到别人在嚼东西时发出吧唧吧唧的声音，你会作何感想呢？是不是会觉得很吵？所以，为了和大家一起愉快地享受美食，吃饭时不发出声响可是非常重要的。

另外，如果不小心咳嗽、打喷嚏或是打嗝的话，记得说一声“不好意思”就可以啦。

**要点**

- 在开始吃饭之前，记得要把玩具收拾好
- 筷子、刀叉和勺子也被称为餐具
- 餐具要轻拿轻放
- 打喷嚏或咳嗽的时候，嘴巴要用纸巾捂起来

## 让我们在整洁的环境下安静地享受美食吧

### 写给家长的一段话

当我在讲座中问起“你最希望孩子学会的礼仪是什么？”时，大多数家长的回答都是“餐桌礼仪”。事实上，很多人并没有意识到自己在吃饭时发出的声响是不符合餐桌礼仪的，所以这一点每次都要明确地说给孩子听。另外，我们还可以借机让孩子记住刀叉餐具等物品要轻拿轻放，培养孩子爱惜东西的良好习惯。

# 吃饭时不能走来走去

吃饭时要好好地坐在位子上，在大家没有吃完之前不可以离开座位，更不能走来走去。你问我为什么？那是因为吃饭的时候，大家其实也是在对做饭的人表示感谢呢。

而且，饭吃到一半就走来走去，会让其他正在吃饭的人觉得“能不能让我好好地吃个饭啊”。你想想，如果每个小朋友都这样四处乱逛的话，大人们就会担心我们会不会摔倒，会不会在餐厅里迷路。这样一来，大人们不仅自己吃不好饭，而且还要去照顾我们。所以，我们不能在吃饭的时候走来走去，给别人带来麻烦。

另外，要是在家吃饭走来走去的话，还容易带起一些灰尘。这些灰尘落在香喷喷的饭菜上，就会被我们吃进肚子里。所以，吃饭时要乖乖地坐好。

**要点**

- 吃饭时要在座位上坐好，姿势也要摆正
- 坐在椅子上时切记不要晃腿
- 在大家没有吃完之前不能离开座位，除非忍不住想要上厕所
- 坐在榻榻米或地面（地毯或垫子）上吃饭时，不可以躺下滚来滚去

## 饭要好好地坐着吃

走来走去既容易扬起灰尘，
也无法让人安心地吃饭。

来回晃腿不仅姿势难看，而且
顶到肚子也会很不舒服。

# 嘴里有东西的时候不要说话

如果嘴里还有食物的时候就开始讲话，食物可是会从嘴里喷出来的。喷出来的食物可能会弄脏餐桌和地板，而且万一喷到别人身上就糟了。不仅如此，要是在饭店里出现了这种情况的话，不但旁边一桌的客人看到会觉得恶心，店员还得赶过来帮忙处理干净，既给大家增添了很多的麻烦，也造成了食物的浪费，真的很不应该。所以，想要说话的时候一定要记得嘴巴里不能有东西。

事实上，我们把食物放进嘴里之后，应该细嚼慢咽，好好吃饭，这时是不能讲话的。要是我们匆匆忙忙不嚼就咽的话，食物可能会卡住嗓子，还可能会肚子疼，所以一定要引起注意。

**要点**

- 将食物放进嘴巴之后，我们可以边嚼边在心里默数自己嚼了几下
- 等到嘴巴里没有东西之后再开口说话
- 让我们的肚子也一起快乐起来吧

## 如果说话的时候嘴里有东西的话……

食物会从嘴巴里喷出来。

# 你会在吃饭时把胳膊架在桌子上吗？

在吃饭的时候，我们应该把背挺直，把姿势摆正——这也是在表达我们对眼前这些食物和饮料的一种尊重。

举例来说，假如正在和自己说话的人不但把胳膊架在了桌子上，而且两条腿还晃来晃去的，你会怎么想？会不会希望对方坐好了再和你说话？

有了食物，我们才能够茁壮地成长。所以我们要对食物心怀感激，自然也就不能把胳膊架在桌子上，而是要坐直坐正，好好地吃饭。

哪怕桌子的高度不太合适，吃东西时有些不便，我们也不可以把胳膊架在桌子上。

另外，坐着吃饭时双腿也要记得自然并拢。

**要点**

- 坐着的时候，桌子与肚子之间应保持一拳距离
- 双臂夹紧，肘关节不能挨着桌子
- 不能来回晃腿，也不能张开腿

## 坐姿挺拔真棒呀

架着胳膊吃饭不仅弯腰驼背很不美观，而且也容易把食物弄洒。

坐下时桌子与肚子之间应保持一拳距离

### 写给家长的一段话

架着胳膊吃饭是一种平时养成的不良习惯。小孩子善于用眼睛观察事物，喜欢模仿周围人的动作，所以家人就算是在喝咖啡时也要注意不能架着胳膊。另外，有些时候是因为桌子的高度问题，孩子们为了方便吃饭才会将胳膊架在上面的。所以，我建议大家平时还是要确认一下孩子在保持坐姿时桌子的高度是否合适。

# 食物吃不完时应该怎么办?

如果觉得肚子饱了，自己“吃不了了”的话，就请大胆地说出来吧。

当然，如果吃饭时突然说自己饱了，旁边的人可能会有所担心，所以这时我们可以试着换成“我肚子已经饱了，可以不吃了吗？”等说法。也许有的小朋友不好意思把这句话说出口，但其实这是完全没有关系的，所以也请鼓起勇气来试试看吧。至于说话的时间，尽量选在大家都快要吃完的时候吧。

另外，如果吃着吃着饭突然觉得不太舒服，我们也要大胆地告诉别人“不好意思我吃不完了，不太舒服，吃不下去了”，然后就可以去休息了。

**要点**

- 吃不完时不要勉强，将食物剩下就可以了
- 吃不完时记得要说明原因，比如“我已经饱了”
- 身体不舒服时，我们要大胆地说出来
- 如果希望少盛一点儿的话，一开始就要说清楚
- 吃完饭后要说“我吃饱了”

## 剩下的食物如何摆放

将剩下的食物归在一起之后，摆放在盘子的左上角位置。

### 写给家长的一段话

每天都要考虑荤素搭配烹饪菜肴，各位家长真的很辛苦。而为了孩子们健康成长做出这些饭菜，自然也希望孩子能够全部吃完，会觉得“吃不完就太浪费了”。但是，当孩子们身体不适的时候，我们也不能强迫他们吃饭，否则可能会引起孩子的呕吐。作为家长，我们有必要知道孩子吃不下饭的原因和理由，所以我希望大家在这个时候也依然能够态度温和地去询问孩子，到底是为什么不想吃。

出门在外时，如果你很清楚孩子的饭量大小，那就可以提前礼貌地告知做饭的人“不好意思，麻烦给我们少盛一点儿”或者“不好意思，麻烦不要放青椒”。这样一来，孩子就会把饭菜全部吃光，而且就算剩下了一些，我们也可以不必太过担心。

日料篇

# 你的筷子拿得好吗?

在日本吃饭的时候，人们都会用筷子来夹菜。除了日本以外，中国和韩国等国家也都是使用筷子吃饭的。

那么，你学会正确使用筷子了吗？筷子拿得好不仅能够帮助我们更好地夹取饭菜，而且还能让吃饭变得轻松起来呢。

想要拿好筷子，一开始可能会有些难度，但是就算做得不好也不要灰心丧气。毕竟谁也不是生下来就会用筷子的，而且还有很多人尝试了多次也依然拿得不好，所以大家才需要勤加练习。

只要坚持下去不断尝试，总有一天我们是能够学会正确使用筷子的。所以，请大家也都来试试看吧，我们会为你加油鼓劲的！

**要点**

- 开始时我们可以像拿笔一样先握住上面一根筷子
- 练习将上面一根筷子上下摆动
- 下面一根筷子只要轻轻地握住不动就可以啦

## 筷子的拿法

拿筷子时，要握住距离顶部三分之一处的位置。

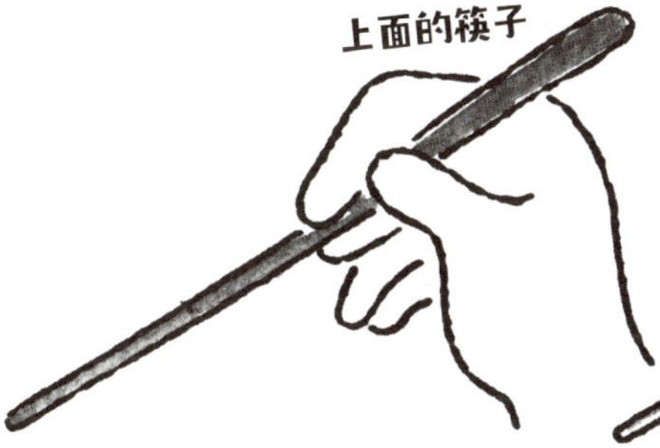


上面的筷子要用大拇指、食指和中指的第一指节轻轻地夹住。

下面的筷子要用大拇指的根部和无名指的第一指节一起夹住。

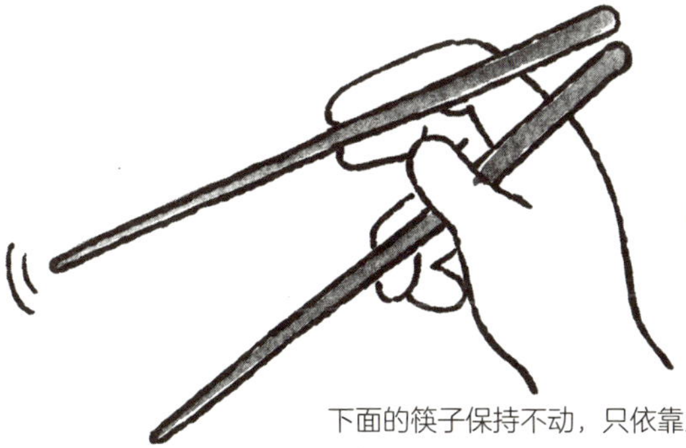

下面的筷子保持不动，只依靠上面一根筷子的移动来夹取食物。

### 写给家长的一段话

对于小孩子来说，刚开始学拿筷子确实有着一定的难度。但是毕竟谁也不是生下来就会用筷子的，所以我们还是要保持耐心，不要看孩子学着费劲就感到烦躁。虽然很多家长都觉得教孩子拿筷子是一件难事，但是如果连家长都觉得难的话，这种情绪自然也就会影响到孩子。所以，作为家长首先就不能抱有这样的负面情绪。如果实在觉得学着费劲的话，市面上还有一些可以用来矫正孩子拿筷子姿势的儿童训练筷，大家不妨买来试上一试。

# 饭碗在左，汤碗在右，筷子横放在中间

你知道吗，吃日料时，米饭、酱汤和筷子其实也都有着它们各自的“房间”。

米饭的“房间”位于吃饭人的左手边，而酱汤的“房间”则位于吃饭人的右手边，它们是一对邻居。虽说住得很近，但是二者的左右顺序可不能颠倒。

至于筷子，则应该摆放在米饭和酱汤的内侧。由于筷子的“房间”呈长条状，所以对于右利手的人来说，吃饭时使用的尖头一端是需要朝左摆放的（惯用左手的人则需要朝右摆放）。

我们要将米饭、酱汤和筷子准确地放进各自的房间，可不能让它们找不到自己的家。

**要点**

- 筷子不用时要横着放
- 筷子最好能放在筷架上
- 饭碗和汤碗一直都要挨着摆放

坐姿要端正

*将筷子的尖头一端放在筷架上。

*注意筷子接触嘴巴的尖头一端不要弄脏桌子。

*筷子的尖头一端不与桌面直接接触，也显得更加卫生。

## 写给家长的一段话

对于西餐来说，人们在吃的时候会使用刀叉，而且右边放刀、左边放叉也是大家约定俗成的规则。所以，为了让惯用左手的小朋友在吃饭时也能遵守这一规则，国外的很多家长都会在孩子小的时候专门纠正他们拿握刀叉的方式。

日料篇

# 筷子的使用禁忌

## 不要这样使用筷子

使用筷子时有很多事情是不可以做的。
这些不可以做的事情就是“筷子的禁忌”，希望大家能够牢记在心。
在这里，我们将介绍几种小朋友经常容易搞错的筷子用法。

### 用筷子指人

用筷子指着别人的脸时很可能会伤到别人，可是很危险的。

### 用筷子插东西

把筷子插在饭菜上。

### 用筷子拨动碗盘

用筷子将碗盘拉到自己面前，或者来回拨动碗盘。

### 舔筷子

用舌头舔筷子，或者舔筷子上粘着的饭粒等。

**拿着筷子犹豫不决**

不知道该吃哪个，拿着筷子在饭菜上方晃来晃去。

**把筷子架在碗上**

饭吃到一半时就将筷子放在碗碟上。

**用筷子拨来拨去**

用筷子在菜里挑来挑去。

**用嘴叼着筷子**

嘴里叼着筷子，手上拿着碗碟。

**用筷子往嘴里塞东西**

用筷子将饭菜全塞进嘴里。

**用筷子敲碗碟**

用筷子敲击碗碟的边缘。

# 碗的拿法

在吃饭的时候，我们是需要用到两只手的。所以在吃日料时，惯用右手的人会将饭碗放在左侧，并由右手拿着筷子吃饭。这时我们需要注意不能用单手拿碗，而是应该用两只手小心地将碗端起来呢。

至于碗的拿法，首先我们要用双手将碗捧起，然后惯用右手的人用左手将碗拿住，惯用左手的人用右手将碗拿住。随后，我们用自己常用的一只手拿起筷子，就可以开始吃饭啦。

虽然也许有一点儿复杂，但是只要勤加练习就一定能够学会，你也快来试试吧。对了，单手拿碗时要多加小心，注意不要让热汤洒出来烫到自己！

**要点**

- 碗要用两只手小心地端起来
- 用两只手端碗之前，记得确认一下碗烫不烫
- 汤汁洒出来可能会被烫到，一定要多加小心

请将饭碗放在左边，其他的碗放在右边。

饭碗、汤碗……放在左手（非惯用手）除大拇指外的四个手指上托好。

## 写给家长的一段话

对于家长来说，教给孩子正确的拿碗姿势可以防止孩子把碗摔掉等危险情况发生。如果碗又大又重的话，小孩子不好抓握，比较危险，所以请记得给孩子挑选大小合适的碗。另外，我建议大家在买碗时最好选择不易摔碎的材质，盛汤时也要做到少量多次，以防倾洒。

# 有些餐具可以端起来吃，有些却不能

上一节中我们提到了吃日料时端着碗吃饭，但其实如果盘子很大很重的话，不端起来也是没有关系的，毕竟万一没拿稳摔了可就太危险了。

盘子摔破之后不仅可能会划伤自己，而且掉出来的饭菜也都不能吃了。为了避免这种情况的发生，我们要牢记有些盘子是可以端起来的，有些则不能。

如果盛菜的盘子我们拿不动的话，吃饭时可以先把菜分拨一些到小碟子里，然后再端着小碟子吃饭，这样就不会洒出来啦。就算万一不小心洒了，小碟子也能减少一些损失呢。

**要点**

- 很重或者很大的盘子可以不用端起来
- 找一个小巧轻便的碟子来帮忙吧
- 小小的碟子还不容易洒呢

**可以端起来的**

用手端着小碟子吃饭
就不容易洒了。

**不能端起来的**

如果盘子很大，我们可以
直接放在桌子上吃。

# 带刺的鱼怎么吃才优雅?

在吃鱼的时候，有些鱼下锅之前就已经去掉了鱼头和鱼刺，而有些鱼则是整条端上餐桌的。

对于后者来说，我们在吃鱼时最好按着一定顺序来，以便于享用。具体的吃鱼方式如下一页所示，大家不妨赶快来挑战一下试试吧。吃鱼能让我们的身体变得更加健康强壮，好好吃鱼，也能让大家吃得安心，吃得尽兴。

另外，如果做好的鱼是整条上桌的话，我们也可以用纸巾按住鱼头后，再将鱼骨剔除。注意不要用手直接接触鱼肉，以防把手弄脏。

**要点**

- 不要用筷子戳鱼
- 按照规矩吃鱼，心怀感激之情
- 不要翻动鱼肉，而是应该将鱼刺取出后再吃

我们将没有去头去尾的鱼称为“整鱼”。

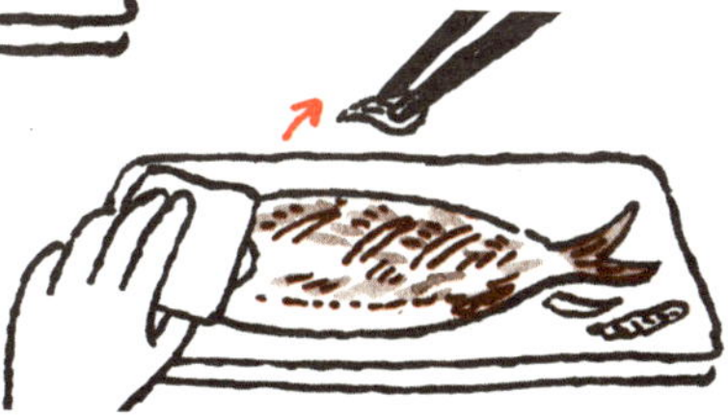

1 鱼尾不动，用筷子夹去其他鱼鳍。注意，按住鱼头会更好操作。
我们可以使用纸巾按住鱼头，以防将手弄脏。

2 鱼身上有一根主刺。沿着主刺用筷子轻轻地将鱼肉划开。

3 将主刺上方的鱼肉按照从左到右的顺序夹取吃掉。
吃完之后，再按照同样的顺序将主刺下面的鱼肉吃掉。

4 一面吃完之后，用手握住鱼头，并用筷子将主刺从头到尾地剥离出来。
随后再用筷子夹住鱼尾，直接将头尾和主刺一并放在盘子的一端。

5 用纸巾包住鱼头。

6 按照从左到右的顺序继续吃完剩下的鱼肉。
注意，此时不要把鱼翻过来。

按住鱼头会把手弄脏，所以需要提前准备好擦手的纸巾。

# 刀叉勺的使用方法

吃西餐时，我们会用到刀、叉和勺子等餐具。与筷子一样，西餐中的刀、叉和勺子也都有着各自的用法。

如果拿不好刀叉的话，就不能用餐刀熟练地切肉，也无法用叉子吃饭了。因此，我们应该好好地练习并掌握刀叉的正确拿法。

另外，正如人体的每个部位都有属于自己的名字一样，刀叉的各个部位也都有着不同的名字。各部位的具体名称请参见下一页，这些名称大家都要记下来。

在手握刀叉时，我们需要伸出食指来按住刀柄和叉柄，只有在吃鱼时可以将食指移开。还有，如果是吃意大利面的话则不需要拿刀，只要用叉子就可以啦。

**要点**

- 为了方便入口，我们要将食物切成小块再吃
- 切食物时要从左侧开始
- 餐巾要铺放在大腿上

## 用刀叉吃饭时……

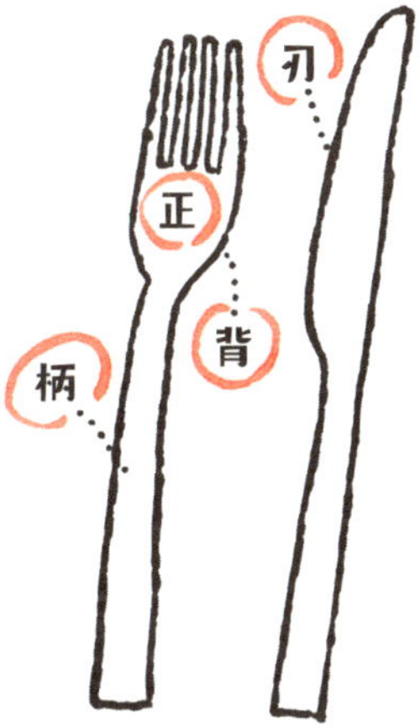


我们可以在家用汉堡等柔软好切的食物来练习刀叉的用法，慢慢地就能用得很熟练啦！

* 右手拿刀，左手拿叉。
* 吃肉时要从左边开始切。
* 吃西餐时双臂要夹紧，不能架着胳膊。

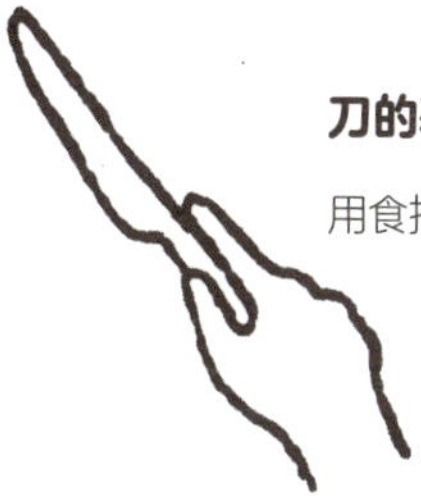

**刀的基本拿法**

用食指按住刀柄。

**鱼刀的拿法**

不需要用食指按住刀柄。

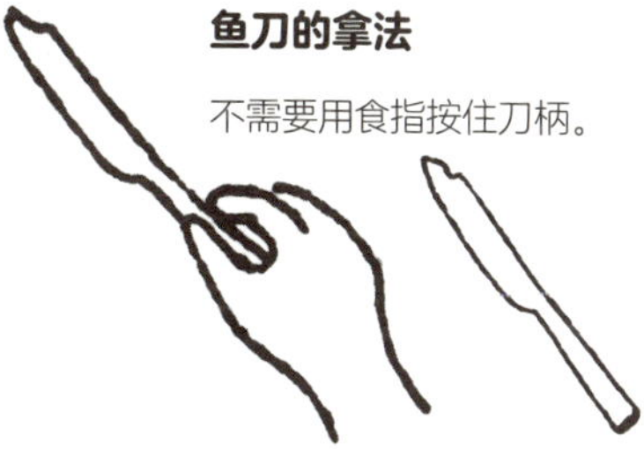

**叉子的拿法**

用正面吃饭时：

用背面吃饭时：

**勺子**

注意不要攥着勺子吃饭哦。

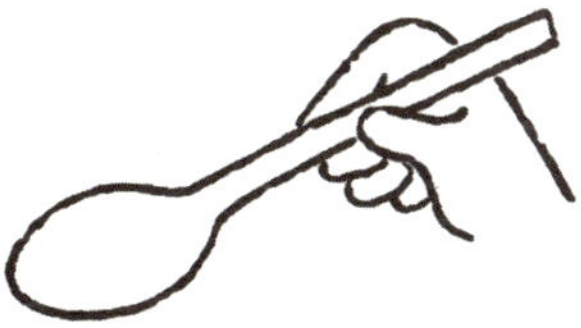

# 刀叉的使用禁忌

刀和叉各有分工，其中刀主要负责切开鱼和肉等食物，而叉子则主要用来在切东西时按住食物方便切分，又或者是用来叉取用刀切好的小块食物，另外还可以用叉子的正面或者背面来舀取食物送入口中。所以，我们不能用刀叉去做其他的事情。

比如，我们不能用刀指人，也不能拿刀戳取食物。将食物送入口中是叉子和勺子的主要工作，所以我们千万不能把刀放进嘴里去，否则刀子划伤了嘴巴或者舌头，不仅会流很多血，而且还会很疼呢。万一真的出现了这种情况，我们就没有办法继续享受难得的美食，而且也会给一起吃饭的人增添不少麻烦。所以，大家一定不要去做危险的尝试。

另外，饭吃到一半时刀叉的摆放位置与用餐结束时的摆放位置是不一样的。二者的具体差别，请参见下一页的插图。

**要点**

- 说话时不能用刀叉指着对方
- 刀是用来切东西的，所以不可以用刀去戳取食物
- 不能用嘴去舔刀叉上面粘着的酱汁

**用刀指着对方、用舌头舔刀或是用刀戳取食物都是不对的**

不能拿刀对着别人。你看，米米都被吓到了呢。

不能用刀戳东西吃。

不能把刀放进嘴里。

**用餐还没结束时刀叉的摆放位置与用餐结束时的摆放位置是不一样的**

表示饭吃到一半稍作休息。

英式：刀在下，叉子在上，交叉叠放。

法式：刀叉摆成八字形。

表示用餐结束。

英式：将刀叉摆在 6 点钟的位置。

法式：将刀叉摆在 4 点钟的位置。

不能将刀刃朝外摆放。

# 勺子的英式用法与法式用法

正如语言中存在着汉语、英语和法语一样，用餐时也存在着英式和法式等不同的方式。你知道吗，其实勺子的用法也可以分为英式和法式两种。

我们在喝汤的时候一般都会用到勺子。在用勺子舀汤时，英式的做法是用勺子从里往外舀，而法式的做法则是从外往里。无论是从里往外还是从外往里，我们在吃饭时可以任选其中一种方式来使用勺子。但是需要注意的是，从右往左横向舀东西可是不对的。

等到汤剩下得不多时，我们就可以将汤碗的左端轻轻提起，等到汤汁全都流到一起之后再继续享用。

**要点**

- 汤碗是不能端起来的
- 如果是用带把手的容器盛的汤，端起来喝也是可以的

喝汤时要正对着汤碗坐好，而且不能把汤碗端起来。

**勺子的英式用法与法式用法**

●英式用法
右手拿勺，用勺子从里往外舀汤。左手放在桌下，轻扶膝盖。

●法式用法
右手拿勺，用勺子从外往里舀汤。左手放在桌上。

**不同勺子的用法**

●圆勺
喝汤时要将勺子横放在嘴边。

●尖勺
将汤从尖头处倒进嘴里。

## 写给家长的一段话

用勺子舀取食物时，如果不小心把食物滴滴答答地洒出来的话，可就不能算作吃得好看了。所以我们要告诉孩子，每次用勺子舀东西时不要舀得太多。另外，在用勺子吃饭时还要注意不能吸溜食物，以免发出不雅的声响。

# 吃面包时，注意不要引起别人的不满

将面包放进嘴里，用牙齿狠狠地咬上一大口，面包上就会留下一个大大的牙印，不够美观。所以我们在吃面包时，最好还是轻轻地用手将面包撕成小块，以免给面包留下牙印。

具体来说，在撕面包的时候，为了不让嘴里一下子被面包填满，我们应该将面包撕得小巧一些。这样做不仅能让人嚼得轻松，而且方便食用，也不耽误和一起吃饭的人说话聊天。

不过，对于三明治或者汉堡等调理面包来说，用手去撕可能会把里面的馅料挤出来，所以这些面包直接放进嘴里咬着吃就可以啦。需要注意的是，这种情况下也不要让嘴里一下子塞满面包。

**要点**

- 手撕面包时，撕下来的地方要冲着自己，以免被别人看到
- 三明治等调理面包是可以大口咬着吃的
- 在餐厅吃饭时如果掉了面包屑也不必担心，店员会帮忙处理干净

## 拿起盘子上的面包啃了一大口……

啃面包时会掉下一些面包屑。

* 将面包撕成小块后再吃。
* 手撕面包时，撕下来的地方要朝着自己。

### 写给家长的一段话

如果必须在有限的时间内吃完饭的话，很多人可能都会急急忙忙地将食物一口气塞进嘴里。事实上，这样做不仅容易造成人们囫囵吞咽，而且也会带来身体的负担。另外，嘴里的东西还没咽下去时就开始说话，还可能令食物从嘴里喷洒出来。所以，把食物弄成一口就可以轻松吃完的大小，也是吃饭时的良好礼仪之一。平日里，还请各位家长记得要给孩子们做出良好的示范。

# 盘子里盛有多种菜肴时应该怎么吃呢？

用餐礼仪中还存在着非常重要的一点，那就是要在吃饭时考虑到做饭人对每一道菜品的用心。

换句话说，蛋糕有着蛋糕的味道，冰激凌也有着冰激凌的味道。如果一个盘子里盛有多种食物，我们不能将这些食物胡乱地混在一起，而是应该去逐一享受不同食物的味道。

在用餐时，人们一般习惯从盘子的左手边开始，沿顺时针方向逐一进行品尝。不过，要是盘子里盛有冰激凌的话，我们也可以先吃这些容易融化的食物。

吃完饭后盘子干净整洁，不仅可以让我们心情舒畅，而且盘子也会觉得十分开心。同样，对于收盘子和洗盘子的人来说，他们也不喜欢脏兮兮的盘子呢。所以，我们在吃饭时也要考虑到大家的想法，乖乖地把饭吃干净。

**要点**

- 不要把食物混在一起，而是应该去品尝每一种食物的味道
- 记得使用已有的餐具吃饭，以免把手弄脏
- 吃过寒凉的食物之后，可以吃一点旁边配有的威化饼干暖一暖嘴巴

## 如果各色甜品被摆在一个盘子里端了上来……

* 每一种食物都要吃干净。
* 不要将甜品混在一起。

如果混在一起吃的话……
盘子上可就要出现“大妖怪”了~

### 写给家长的一段话

盘子里放有多种菜肴时不仅食物的种类丰富，而且看上去也很讨喜，小孩子会觉得十分开心。不仅如此，还有很多小孩子喜欢将这些菜肴混在一起边玩边吃，就像是自己在玩过家家一样。然而，这样的做法却很可能会招人厌烦。特别是在餐厅等公共场合，家长务必要提醒孩子不要这样去做。另外在吃甜品时，很多孩子都会觉得坐不住，而且还想要用手抓着东西吃。这时大人就要和他们好好地沟通，让孩子不要做出让人不快的行为，这也是家长们在就餐时的重要礼仪之一。

# 中餐厅用餐的注意事项

如果餐桌上有一个转盘可以来回转动的话，想来应该会十分有趣。但是，我们可不能因为有趣就乱动转盘，否则很可能会把餐桌上的饮料弄洒，所以一定要引起注意。

另外，当转盘上摆放着很多想吃的菜肴时，我们要记得按照顺时针的方向（向右）转动转盘。

不仅如此，在转动转盘时，我们还应该选择在别人没有夹菜的时候进行，动作也应该轻柔缓慢一些。“我可以转一下桌子吗？”“我转一下”——在转动转盘之前客气地打声招呼。

对了，如果我们把吃完的盘子或者杯子放在转盘上的话，转动的时候很可能会发生倾倒，洒出来的饮料可是会把餐桌和我们的衣服弄脏呢。所以，大家不要这样去做。

**要点**

- 按照顺时针（向右）的方向转动转盘
- 在没有人夹菜的时候才能转动转盘，而且动作要轻柔缓慢
- 吃不同的菜时可以勤换碟子
- 夹菜时，要对旁边的人打声招呼
- 由长辈先动筷子，而且要把菜夹到碟子里吃

不要将吃完的盘子和杯子放到转盘上，否则很容易发生倾倒。

吃饭时，餐盘和碟子都要放在桌子上。

### 汤匙的使用方法

喝汤时拿汤匙要用惯用手。
吃面时汤匙则要换到另一只手上，临时起到小碟子的作用。

### 写给家长的一段话

在吃中餐时，圆桌上会摆放着很多大盘的菜肴，人们围桌而坐，交谈甚欢，既便于大家沟通和交流，也能让男女老少在一片祥和的气氛中享用美食。此外，按照长幼的顺序依次夹取转盘上的菜肴，不仅可以培养孩子们对长辈的恭敬之情，也能因此让孩子们学会遵规守序的重要性。另外，在等大家都夹完菜的这段时间里，“等待”也同样能够让孩子们学会忍耐。

# 在快餐店或自选点单的餐厅时……

如果正在排队的时候有人插队，你会怎么想呢？

我猜，你一定会觉得有些不开心吧。当店里有人正在排队时，我们要记得站在最后一个人的后面。不仅在商店时应该如此，在游乐场或动物园，在上公交车或上地铁的时候，只要看到有人排队，正确的做法都是站在队伍的最后。

当然，要是万一没注意到别人正在排队，一不小心插进了队里的话，一定要记得和别人说“不好意思”或是“对不起”。做错事情的时候，好好道歉是非常重要的。

另外，如果发现自己身后有小宝宝正在哭闹，又或者有小朋友正在排队的话，让他们排在前面会显得我们非常贴心。能够设身处地地为他人着想，一定也会得到他人的温柔相待。

**要点**

- 进店以后要按顺序排队
- 排队时请保持安静，不要大声喧哗
- 排队时要注意保持队伍的整齐，以免给他人带来不便

## 当遇到有人插队时……

* 人们会提醒对方不要插队。
* 还会有人大声训斥，暴跳如雷。
* 越来越多的人也会跟着插队。
* 遇到有人插队时，正在排队的人会感到很不愉快。

### 写给家长的一段话

为了不让孩子出现插队的行为，同时也为了防止孩子在排队时出现耍赖或者哭嚎的情况影响到他人，我们应该在平时就注意对孩子排队的做法进行表扬，比如“xx排队排得真好，可真是太棒啦”等等。另外，在排队入场时，我们也要注意提醒孩子不要踢打前面的人，以免招致他人的不快。

# 在饮料吧或沙拉吧取餐时要注意控制量

饮料吧和沙拉吧里摆满了形形色色的饮料和蔬菜，看上去真的很棒呢。

在这里，我们可以根据自己的喜好将喜欢的饮料和食物盛进杯子或盘子之中。

不过要注意的是，如果我们把饮料盛得太满，端回座位的时候很可能会发生倾洒，所以最好还是不要盛得过满。一般来说，饮料盛得七分满就可以了，最多也不要超过八分满。

另外，在盛沙拉时我们也不要把盘子堆得满满当当，而是应该吃多少拿多少才对呢。

**要点**

- 在饮料吧盛饮料时，一个杯子只能装一种饮料
- 在沙拉吧取餐时应该吃多少拿多少
- 记得排队
- 不知道使用方法时请询问店员
- 注意饮料和食物不要洒出来

## 不要在饮料吧这样做……

*不要一次盛取好几杯饮料，毕竟后面还有人在等着呢。

*少量多次接取饮料，以防溢出。

热饮小心烫伤。

## 不要在沙拉吧这样做……

*假设我们正在夹取番茄，这时要注意不要把番茄掉落在盛有其他食物的盘子里。

*不要把自己的盘子盛得太满，以防端回座位时出现倾洒。

*不同沙拉酱的勺子不要放混。

### 写给家长的一段话

在去饮料吧或沙拉吧取餐时，大家可以和孩子一同前往并让孩子先拿，这时我们只要站在后面给予指导就可以了。要知道，让孩子先自己尝试一下是非常重要的。不过要是后面有人正在排队的话，我们则应该迅速地给予指导，以免孩子取餐太慢，给后面的人造成不便。

# 吃自助餐时容易出现的错误

你知道吗，有一种用餐方式是需要我们自己从座位上站起来，然后到装有各种菜肴的大盘子里去盛取喜欢的食物来吃的。

这种方式就是“自助餐”。由于大家都会排队来盛取食物，所以我们一定要注意不能给别人带来不便。

另外，在取菜时每个餐盘中的菜肴最多不要超过3种。如果一股脑儿把盘子堆得太满的话，端回座位的时候很可能会发生倾洒，而且还可能会因为吃不完而剩下食物，所以一定要多加注意。还有，凉菜和热菜不要装在同一个盘子里，这一点大家也要记好。

如果已经盛好食物走到旁边的话，就算“还想要再多盛一点”，我们也不能再返回到取餐的队伍之中，否则会给后面的人造成不便。如果真的还想再盛一些的话，可以等到吃完之后再重新排队取餐。

**要点**

- 排队时挤在别人前面是很不礼貌的行为
- 一个盘子里的菜肴不要超过 3 种
- 将盘子和杯子端在胸前，注意不要掉在地上
- 和家人一起排队时请不要大声喧哗，以免给别人造成困扰

将各种菜肴摆放在桌子上供人们自由盛取的
方式被称作“自助餐”。

在日本一般是从右往左取餐，
所以只要跟着前面的人按照
顺序盛取就可以了。

★需要用双手取餐时，可以先将盘子放在桌子上。
★取餐所用的大勺子要用右手去拿，而叉子则应该用左手去拿。
★这里的大勺子和叉子也被称为布菜勺和布菜叉。
★一个餐盘上盛放 2 ～ 3 种菜肴为佳。

## 写给家长的一段话

在取餐之前，我们要告诉孩子吃多少拿多少。毕竟在吃自助餐的时候，小孩子很容易把握不好分寸，一下子就想盛很多，觉得自己都能吃完。家长要留心观察孩子拿的食物是不是真的够了，如果拿得太多时，要懂得巧妙地对孩子进行规劝，比如可以告诉孩子“先吃吃看，如果不够的话我们再来拿一趟吧”等等。

# 不要在店里跑来跑去

大家应该都知道，吃饭的地方并不是我们用来活动的操场。在供人用餐的餐厅等场所，我们应该要学会乖乖地坐着来享受美食。

然而，明明自己已经吃好了饭，心里也想着赶紧回家，但却一直都没有办法回去的话……很可能就会坐不住了对吧？但是你要知道，餐厅里现在还有其他人正在吃饭。我相信你会是一个很乖的孩子，能够设身处地地为其他正在吃饭的人着想。

如果真的实在是坐不住了，我们不妨让一起吃饭的家人陪着去一趟洗手间。在洗手间里，我们不仅可以试着伸伸懒腰活动活动，而且不知不觉中给自己转换了心情，想来也是很不错的呢。

**要点**

- 店里客人很多，所以我们要注意不要妨碍到别人
- 跑来跑去摔倒了可是会受伤的
- 在店里跑来跑去的话，万一撞到了正在端菜的店员，滚烫的菜肴很可能会洒我们一脸一身，造成严重的后果
- 在餐厅用餐时要乖乖地坐好

## 在餐厅里跑来跑去的话……

万一撞到别人，
大家都会受伤。

不仅会给其他的客人和店里的店员带来不便，
而且带你一起来吃饭的家人也会觉得很尴尬。

### 写给家长的一段话

在店里跑来跑去是非常危险的一种行为。事实上，我就曾经亲眼见到有小孩子在店里跑来跑去，不小心和端菜的店员撞了个满怀，结果被滚烫的乌冬面洒了一身，不得不被救护车送到了医院。你认为不会发生的事情，在现实中却可能真实存在，所以一定不能抱有侥幸心理。除了避免给餐厅和其他客人造成不便之外，为了保护孩子自身的安全，我们也不能让孩子在店里跑来跑去。

# 不要乱动餐桌上的调料

看到桌子上摆着的酱油、糖、盐、纸巾和牙签，我们的小手就会想去摸一摸碰一碰。但是你要知道，这些东西是大家公用的，并不是我们的玩具。

此外，店里的店员也都在一直留意着这些物品以便及时补充和替换，以防大家在想要使用的时候出现用完的情况。这一点真的是很难得呢。

如果我们随便乱动桌上的这些东西，很可能就会把酱油和白糖打翻，还有可能会把纸巾弄到地上。这样一来，店员就要从头开始把这些东西摆放妥当。所以，我们在不要给店员增添麻烦的同时，也要记得在使用酱油或者纸巾时注意节约。

**要点**

- 不用的东西不要乱动
- 不要把桌上的东西当成玩具
- 打开的盖子要记得盖好

## 乱动调料的话……

*细菌和“怪物”就会跑进跑出

*还会把桌子弄得很脏

### 写给家长的一段话

尽管小孩子对桌上放着的调料很感兴趣是一件好事，但我们还是要将不能乱动调料的规矩以及这样做的原因好好地讲给孩子们听。另外，加入调料的正确做法应该是在加入之前先尝尝食物的味道。与此相对的，一上来就给鱼淋上酱油或是直接在咖啡里加糖的做法都有些欠妥，这一点还请各位家长多多留意。

# 擦手巾是用来擦手的，可不能擦桌子

大家都知道在吃饭之前要好好地洗手，但是有些时候如果不方便洗手的话，店家会给我们提供擦手巾来擦手。在看到店员拿来擦手巾时，我们要记得说声“谢谢”。

一般来说，餐厅的擦手巾有两种不同的类型。一种是毛巾材质的“普通擦手巾”，另一种则是一次性的“纸质擦手巾”。

另外，擦手巾是给我们擦手用的，所以大家不要用它来擦桌子，也不要用来擦脸上的汗。

如果不小心弄脏了桌子，我们要使用专门擦桌子的抹布来擦。在餐厅吃饭时，正确的做法应该是请店员过来帮忙清理干净。

**要点**

- 擦手时要记得将擦手巾对折使用
- 店员送来擦手巾时，我们在表示感谢之后应该立刻拿来擦手
- 用过的擦手巾要放在毛巾托盘上，或者也可以放在自己的右侧

## 不小心把盘子里的酱油洒出来了！我们应该怎么办呢？

* 不要用擦手巾去擦。
* 应该用抹布擦拭干净。
* 在餐厅用餐时，记得请店员来帮忙清理。

* 上菜前提供的擦手巾是用来擦手的。
* 不要用擦手巾擦脸。

### 写给家长的一段话

我们应该告诉孩子，擦手巾是专门用来擦手的，不可以用来擦桌子或者擦脸。如果在餐厅时不小心弄脏了桌子，正确的做法应该是请店员前来处理。特别是对于毛巾质地的擦手巾来说，由于大多是消毒之后循环利用的，所以如果沾上了酱油洗不掉的话，很可能就无法再继续使用了……

## 在环境优雅的餐厅中用餐时……

吃西餐时，餐具应该按照由外向内的顺序进行使用。

5 主盘
用来表示大家就座的位置。我们应该坐在主盘的正前方。
1' 前菜叉
3'' 鱼叉
4' 肉叉

1 前菜刀
2 汤勺
3 鱼勺
3' 鱼刀
4 肉刀

**餐巾的摆放方式**

餐巾较大时可以对折使用。

中途离开

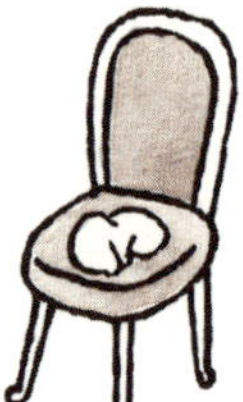

直接放在椅子上，不用叠放整齐。

用餐完毕

直接放在桌子的右上角，不用叠放整齐。

# 第三章

## 公共场合中表示对他人关怀的礼仪

在大街上、在交通工具上、在婚礼
或葬礼上……真心是可以用形式
表达出来的

# 只要做到守约、守时、守序，大家就会很开心呢

你有没有什么事情是不希望发生在自己身上的呢？我猜一定会有吧。一个人不希望发生在自己身上的事情，别人也同样不希望发生在他们身上。所以，不希望发生在自己身上的事情也不要对别人去做，这可是很重要的。

不仅如此，应该也有一些词语是大家不想被人用在自己身上的吧？所以，我们自己也不要用这样的词语去说别人。能做到这一点，你不觉得是一件特别棒的事情吗？

无论是在家里还是在外面，我们每一个人都不是一个单独的个体。为了与形形色色的人打好交道，一起度过开心的时光，懂得为别人考虑、知道遵守约定都是非常重要的。

如果人人都知道替对方着想，人人都能够遵守约定，这个社会就会变得和谐而美好，而且也不再会有纷争出现。如此想来，这可真是一件让人高兴的事啊。

**要点**

- 做些能让对方感到开心的事
- 学会为他人考虑
- 不要有伤害他人的话语和举动
- 与周围的人友好相处，加深感情
- 温柔待人，就会得到别人的温柔相待

## 学会为他人考虑的三个“遵守”

**不遵守时间……**

如果下雨天在外面和人见面迟到了的话，等你的人很可能会被雨淋湿，着凉感冒。
同样，要是去晚了集合地点，大家为了等你没有办法出发，还会因此而误了行程呢。

**不遵守约定……**

对方会感到伤心。伤了别人的心，到头来也会伤了自己的心。

**不遵守秩序……**

原本排在前面的人就有些等得不耐烦了。要是再有人不遵守秩序的话，可是会打起来哦。

* 如果每个人都能守约、守时、守序的话，大家就会感到开心，彼此的关系也会变好，感情也会更深。

# 地铁应该是下车的人优先，还是上车的人优先？

乘坐地铁或者公交车等交通工具时，如果在准备上车的时候正好有人想要下车，大家一般会怎么做呢？

我想，你应该不会一把推开正要下车的人，自己先赶紧上车吧。如果真是这样的话，下车的人下不来，上车的人也上不去，大家就像在玩挤馒头*一样。不仅如此，这样做还可能会让脚夹在地铁和站台之间的缝隙中，造成很大的伤害，十分危险。

所以，在乘坐地铁或者公交车时，正确的做法应该是先下后上。如果反过来，大家都想要下车的时候却有人不管不顾地硬挤上了车，你会怎么想呢？肯定会觉得非常为难吧。明明想要下车却下不去，只能继续坐到下一站再说——为了避免这种情况的出现，我们一定要学会为别人着想。

*日本的一种儿童游戏，利用背部、臀部或者肩膀发力推挤别人，被挤倒或挤出去的人视为出局。——译者注

**要点**

- 不要大声说话
- 车上不是操场，不可以乱跑乱跳
- 上车之前让别人先下来是一种很棒的做法

## 正因为一起坐车的人互不相识，所以才更应该让人心情愉悦

* 地铁或公交车都应该先下后上。

* 不要在地铁里来回跑动。

* 不要在地铁里扎堆聊天，大声喧哗。

* 拍朋友一下，拿雨伞戳人……这些恶作剧都不可以在地铁上做。

* 不要坐在车厢里吃东西。

### 写给家长的一段话

作为家长，重中之重是不能让孩子离开自己的视线。家长应该仔细看好自己的宝贝，以免一时疏忽酿成悲剧。另外，如果看到孩子做出了影响他人的行为，立刻对其进行制止也是很重要的。从这一角度来说，我们同样不应该让孩子离开自己的视线。

# 在电梯或扶梯上时……

你知道吗，上下电梯时我们都是需要按一下按钮的。在上电梯之前，我们要按一下向上或是向下的按钮，然后就可以等待电梯的到来了。在下电梯时，我们则需要按一下“开门”按钮，然后道一句“您先请”，让其他人先下电梯。这样一来，我们就能收获别人的感谢啦。不过，这时也不要太过较真儿。另外，我们还要小心不要被电梯门夹到手指或者身体。

如果当时已经有人按了按钮的话，我们则应该说一声“谢谢”，并且在上下电梯之前轻鞠一躬表示感谢。对方看到我们这样有礼貌的做法，可是会非常开心的。

对于扶梯来说，来回走动或者上下跑动都是不可以的。正确的做法应该是站在扶梯的一侧，抓好扶手，确保安全。

**要点**

- 乘坐电梯时，应该先下后上
- 不要在扶梯上走动，也不要跑来跑去
- 小心不要被电梯或扶梯夹到手指或身体
- 乘坐电梯或扶梯时注意不要说话

**按下电梯的按钮**

- ＊等待电梯时，需要按一下向上或向下的按钮。
- ＊乘坐电梯时，记得帮别人按一下“开门”按钮。

**站在扶梯上时**

- ＊站在扶梯一侧并抓好扶手，不可以来回走动或跑动。
- ＊与比自己年幼的小孩子一起乘坐扶梯时，要记得保护他们。具体的做法是，扶梯向上走时，我们应该站在年幼者的后方；扶梯向下走时，我们则应该站在年幼者的前方。

# 为了他们，要记得开门之后把门扶好

为他人提供一些力所能及的帮助，不仅是在体贴地为对方考虑，同时也是一件很棒的事情。比如在开门的时候，如果有人和自己一起进来，又或者后面有人的话，我们可以道一声“您请”让他们先走，然后自己再进来。这时，对方一定会和我们道一句感谢的。有人对自己说“谢谢”，真的是一件很开心的事情呀。

与此相对的，如果有人对自己说“你先请”，我们则应该微笑着说一声感谢，然后直接走进去就可以了。这时，对方就会用“不客气”来回复我们。

“您请”“谢谢”“不客气”——这种互相关心的生活，真的是令人心情舒畅啊。

**要点**

- 开门之后，记得回头看看后面有没有人
- 开门之后，应该对别人说一声“您请”，让别人先进去
- 有人对自己表示感谢时，记得要说“不客气”
- 当别人让自己先走时，应该微笑着道一声感谢

打开门

回头看看后面

先进来的人要说一句“谢谢”。
被感谢的人要回复一句“不客气”。

# 走路的时候如果撞到了人……

学校的走廊里、地铁的车站内，你在走路时有没有不小心撞到过别人呢？如果撞到的话，你又会怎么做呢？

我（西出老师）在英国生活的时候，曾经走在路上和陌生人撞到了肩膀。当时明明是因为我低着头走路才会撞到别人，但是莫名被撞的对方却对我说了“Excuse me（不好意思）”，一下子令我感到开心不已，所以我也立刻和对方道了歉。

虽然自己先道歉可能会觉得有些不好意思，但是能够勇于认错或者主动表示感谢却是非常棒的。所以，大家也要学着主动一些。自从那一次以后，我也学会了主动开口呢。

另外，撞到别人可能还会摔倒受伤，所以大家一定要注意不要撞到人。

**要点**

- 主动和对方打招呼说“对不起”
- 不要用眼睛瞪别人，也不要咂嘴表示不满
- 眼看就要撞上的时候，应该主动避开，以免发生危险

## 哪种方式会让人感到舒服呢？

怒视对方，
不满地咂了咂嘴。

主动表示“不好意思”，
对方也表示“不好意思”。
→大家都变得开心起来。

# 不能在马路上嬉戏打闹

货车、轿车、自行车，马路上有许多车辆来往行驶，可不是我们用来玩耍的地方。为了避免危险，我们在马路上一定要格外小心。另外，不管是开车还是骑车，又或者是走在路上，大家也都应该相互留意彼此的存在，以避免交通事故的发生。

一旦发生事故，无论是被撞的人（受害人）还是撞人的人（加害人），其实都会受到伤害。所以我们务必要多加小心，尽可能地避免发生交通事故。

另外，马路上有着许许多多的交通规则。每个人都应该牢牢遵守这些规则，守护自身安全和他人安全，做一个遵纪守法的人。

马路是用来去往目的地的通道。和朋友们在一起走路时，即便想要开心地一起欢闹，也不可以在马路上嬉戏打闹，而是应该沿着安全的路线慢慢地一直往前走。

**要点**

- 过马路时要环顾四周
- 在狭窄的道路上与别人擦肩而过时，应该让到一旁，等待对方先通过
- 迷路的时候，请向交警寻求帮助

## 马路作为公共场合，需要我们遵守3个规则

* 在狭窄的道路上与别人擦肩而过时，应该让到一旁，等待对方先通过。

* 骑自行车时要戴头盔。

* 过马路时要确认左右是否有车，并举手示意。

### 写给家长的一段话

西乡隆盛经常翻阅的《言志四录》是由幕末儒学大家佐藤一斋所著，而“礼仪为铠甲”同样也是出自这位大家之口。换言之，学会体谅对方、懂得为对方着想的礼仪之法终有一天会化为铠甲，最后保护的也是我们自己。

在公共场合，除了礼仪之外还存在着诸多规则。不遵守规则，就会受到应有的惩罚。为此，我们应该懂得为对方考虑，行动有礼有节，既可保护他人也可保护自己，从而确保生活的安全和稳定。

# 走路或骑车时不要使用手机

你有没有在走路或者骑车的时候使用过手机呢？我们在上一节中曾经提到，马路上可是非常危险的地方。一旦被手机上的内容分了神，就很有可能会发生交通事故。所以，走路或骑车时绝对不可以使用手机，希望大家都能够做到这一点。

在外面遇到了什么急事时，手机可以用来帮助我们和家人取得联系。如果要在外面使用手机的话，我们应该先找一个不会打扰到别人的场所，或者站着不动，或者找个椅子坐下来之后再好好地打电话。

此外，不管是在地铁、公交车或飞机等交通工具上，还是在医院等公共场合，法规或常识都要求我们不能在某些时间或地点使用手机，这时也请一定记得好好遵守这些规定。

**要点**

- 不要在路上使用手机，以免引发交通事故
- 在不会打扰到别人的地方站好了再打电话
- 使用手机时请遵守法律法规或相关礼仪

## 手机不是什么地方都可以用的

骑车时用手机可能会让自己或别人受伤。

**尽量不在地铁、公交车或餐厅内接打电话**

* 会给周围的人造成困扰。
* 在餐厅里也要注意。
* 手机可能会影响心脏起搏器的工作。

# 不要拿着雨伞玩来玩去

雨伞是一个很重要的物品，可以保护我们免受雨雪的困扰。如果没有了雨伞，我们会被雨雪淋湿，头发和衣服都会变得湿漉漉的，而且还可能会因此而感冒发烧，十分难受呢。所以，我们一定要好好拿着伞。

雨伞并非玩具，而是能够替我们遮挡雨雪、为我们保驾护航的工具。所以，我们既不能像踢球一样踢伞，也不能把伞当做球拍一样挥来挥去。不仅如此，在和朋友打招呼时用伞去拍对方的肩膀或者拿伞戳人的行为也都是不对的。即便是没有恶意地开开玩笑，这种行为也可能会造成极大的危险，所以我们一定要注意。

另外，在和别人擦肩而过的时候，要记得把伞歪向一旁，以免戳到别人。

**要点**

- 雨伞是保护我们的工具
- 不要踢伞，也不要拿着伞挥来挥去
- 不能用伞拍人或者戳人

## 雨伞可不是玩具呢

# 给遇到困难的人撑把伞吧

下雨的时候，如果碰到有人没有带伞，你会怎么做呢？用“如果不介意的话，请和我一起撑伞吧”等话语邀请对方和自己一起撑伞，是一件非常温暖的事情。如果是自己朋友的话，也可以直接告诉对方“赶快进来吧”。

当遇到有人因为没有带伞而愁眉不展时，我们不妨去为他们撑起一把伞。

无论是抱着孩子的母亲还是被雨淋湿的老人，他们都一定会因为你的帮助而感到开心，也会用一句“谢谢”来表达对你的感激。

另外，给上下车时不便撑伞的人打一下伞避免淋湿，也是一种非常贴心的善举。

**要点**

- 试着邀请没有带伞的人一起撑伞吧
- 学会为别人撑伞，以免对方被雨淋湿
- 帮别人打伞时，记得不要把水滴在对方身上
- 伞上的水不要弄脏了地板

收伞之前要抖掉伞上的
水珠。

将雨伞装入伞套，以防弄
脏室内的地板。

将雨伞装入伞套，小心不要
将伞上的水弄到别人身上。

## 写给家长的一段话

携带一把折叠伞以备不时之需，也许就能给某些人帮上大忙呢。

另外，伞套能够防止伞上的水珠弄到别人身上，也能够防止地板有水让人滑倒。如果是折叠伞的话，我们还可以将伞收到包里，自然也就更为稳妥。

# 不要在美术馆、博物馆和图书馆等场所聊天儿交谈

美术馆和博物馆都是让人们好好欣赏绘画等作品的地方，而图书馆则是供人们检索和翻阅图书的场所。所以，我们不能在这些地方大声喧哗，更不能跑来跑去，否则就会妨碍别人安安静静地读书赏画。对于一个乖孩子来说，我们是不应该给其他人带来麻烦的。如果真的想要说话，那么就去找一个可以聊天儿的地方说个痛快吧。

与此类似的，供多人使用的场所一般也都会设有相关的规定，比如可能会有“保持安静”，会有表示不可以照相的“禁止拍照”，也许还会有不允许一边吃喝一边找书看画的“禁止饮食”等。有了这些规定，我们就必须好好地遵守。另外，馆内一般也会设有允许饮食的地方，我们可以选择在那里吃。

**要点**

- 欣赏绘画、雕塑或书法作品时应保持安静
- 必须发出声音时，请尽量降低音量
- 聊天儿要选择在可以说话的地方进行
- 遵守馆内的相关规定
- 不要在走路时吃零食或者喝饮料

## 馆内的三大禁忌

大声说话，跑来跑去，走路时手里拿着食物或饮料。

# 参加婚礼或葬礼时，我们应该安静地坐好

婚礼是大家一起开心庆祝的场合，所以我们不能在婚礼上捣乱，而是应该面带微笑在座位上坐好，并且在大家鼓掌时跟着一起拍手庆祝。

在葬礼上，我们不仅要对去世的人表示“在世时的感激之情”，而且还要按照不同的习惯，祈祷死者“安息长眠”。考虑到参加葬礼的人心情十分悲痛，所以也是不可以大声喧哗的。

在走路时，我们要注意不能弯腰驼背，也不能散漫松懈。坐在座位上时，我们同样要挺直腰背，双腿靠拢，而且不可以来回晃腿。

**要点**

- 请穿着与场合相符的衣服
- 坐姿挺拔，保持安静
- 不能大声喧哗，也不能跑来跑去

## 写给家长的一段话

婚礼和葬礼都属于正式场合。在这种场合下，注意个人仪容也同样十分重要。参加婚礼时所穿的衣服要能够表达出庆祝之意，因此男性一般佩戴蝴蝶结领结，而女性则多选择华丽的大蝴蝶结装饰。

在参加葬礼时，小孩子应该穿着纯白色衬衫和黑色的裤子或裙子。袜子和鞋子同样是黑色为佳，不过小孩子的袜子也可以选择白色。如果有制服的话，参加葬礼时也可以穿着制服，不过要注意如果制服的领结为红色，要将领结换成黑色的。

# 使用公共卫生间之后记得收拾整洁再离开

使用外面的卫生间时，我们一定要比在自己家里更注意保持整洁。毕竟后面还会有其他人使用这个卫生间，如果弄得很脏的话，别人很可能会生气呢。

另外，在外面上厕所时，我们也需要等马桶冲干净之后再离开。

如果大家都在排队等着去卫生间的话，我们应该站在队尾等着轮到自己。不过，如果实在憋不住的话，我们也不要不好意思，而是要大胆地尝试着用“对不起，我实在是憋不住了，能让我先用一下吗？”等话语来拜托别人帮一下忙。

在离开公共卫生间之前，我们还要看看洗手台上是不是有掉下来的头发或垃圾，如果有的话，一定要记得清理干净。

对于那些一举一动都能够为他人着想的人来说，未来也一定会有惊喜在等待着他们。

**要点**

- 实在憋不住的时候，可以拜托别人让自己先去
- 将洗手池擦拭干净
- 掉落的垃圾要捡起来扔掉

**用完马桶要记得冲水**

**卫生纸掉在地上时，要记得捡起来扔掉**

**如果弄脏了马桶，请在离开前清理干净，以免影响其他人使用**

**在洗手池洗过手后，记得要将飞溅的水滴擦拭干净**

如果台面还是湿的，后面的人就没办法把包包放在上面了。

# 用过的东西要放回原处

无论是在家里还是在学校，你所使用的东西很可能别人也想要借用一下。所以，如果一个物品是公用的话，比较贴心的做法就是将它放在大家都知道的地方。同样，拿出来用完的东西也一定要记得放回原处。

“我自己用就行了”“我自己知道在哪儿就行了”等想法不仅非常自私，而且还会被人认为你是一个不会替别人着想的人。

另外，如果我们不把东西放回原处的话，很可能还会给别人造成不便。试想一下，如果你正准备使用某件东西，却发现东西不在之前的位置，你是不是也会觉得很不方便呢？

**要点**

- 与人共用的东西，在使用时要记得考虑到别人
- 用过的东西要放回原处

## 想用的时候却发现东西不在原处，你会作何感想呢？

将东西随手乱放的话，别人在想用的时候就会因为东西不在原处而感到苦恼呢。

# 接东西或递东西时要注意物品的朝向

把东西递给别人时，有没有什么是需要我们特别注意的呢？让我们站在接受物品的角度来考虑一下。首先，你认为单手递东西和双手递东西，哪个会显得更有礼貌一些呢？答案肯定是双手。不过要是因为受伤或者其他情况只能使用一只手的话，单手当然也是没有问题的。

其次，如果是递给别人剪刀或者刀等尖锐的物品又该怎么办呢？这些东西都很危险。为了避免划伤对方，我们在递给别人时是不能将尖的一端朝向对方的。铅笔、圆珠笔和马克笔也同样如此。如果笔尖朝外的话，不仅可能会弄伤对方，而且还会在对方身上留下一个铅笔或者钢笔的印子。所以我们一定要记得不要将尖头朝向对方。

另外，在递给别人东西时要说“请拿好”，在接过别人递来的东西时则要说一声“谢谢”。如果递东西的人和接东西的人都能对彼此表示感谢，大家的心情就会变得非常愉快呢。

**要点**

- 递东西时要用双手
- 尖的一头不能朝向对方
- 递东西的人要说“请拿好”，接东西的人则要道一句感谢

递东西时尖头不能朝向对方

## 写给家长的一段话

在递东西时，不仅尖锐的一端不能朝向对方，而且要用双手将物品拿到齐胸的位置。如果家长平时能够在说上一句“请拿好”之后按照这一姿势将物品递给孩子，孩子自然也就能够学会这样的做法。另外，在请对方将东西递给自己时，可千万别忘了表示感谢。礼仪都是相互的，所以不管是递东西的人还是接东西的人，都应该在递接物品时学会站在对方的角度考虑，养成为人着想的良好习惯。

# 去别人家串门时

在去别人家串门时，进门之前我们要记得打声招呼，道一声“打扰了”。进门之后，我们也不要太过随意，只要待在主人领着我们去的房间里就可以了。我们不能随便乱进其他的房间，更不能随便乱摸乱碰，以免出现物品遗失或损坏时大家都不开心。

另外，我们也不能因为好奇或者肚子饿了就随便打开别人家的冰箱和柜子。不仅如此，在别人家里擅自吃吃喝喝也是不应该的。

在想去卫生间时，我们同样要记得和对方打声招呼，比如“我可以借用一下卫生间吗？”，并在得到了对方的允许之后再去。

**要点**

- 先在玄关将沾在衣服鞋帽上的泥点或雨水擦拭干净后再进屋
- 如果别人家里养了自己害怕的动物，我们不能说自己不喜欢这种动物或者埋怨这种动物太吓人，而是可以用“不好意思，我有点儿害怕，能让它不要靠近我吗？”等方式让动物远离自己

不要随意碰别人家的东西，
也不能擅自打开冰箱或者
去别人的床上玩耍。

## 写给家长的一段话

带着孩子去别人家串门时，一定不要让孩子离开自己的视线。如果孩子是自己要去别人家里的话，出门之前别忘了再给他们讲一遍本书中所写的注意事项。

另外，如果有别人家的孩子上门做客，我们最好能准备一双小孩子穿的拖鞋，以防地板容易滑倒或者小孩子踩到东西受伤。还有，危险的物品要放在孩子们够不到的地方，毕竟保证孩子的安全对双方而言都至关重要。

## 逛超市时要注意的几件事情

# 第四章

# 换一种说法，世界大不相同——说话的礼仪

道歉、恳求、交谈……招人喜欢的孩子
如何说话、如何聆听

# 换一种说法能让人变得温和，也能让人觉得可怕

如果突然有人对你说了一句“坐下”，你会作何感想？是不是会觉得对方好像是在命令自己，心里也会觉得有些别扭呢？那么，如果别人对你说的是“请坐”的话，结果又会如何？与“坐下”的说法相比，“请坐”会让人觉得更有礼貌。

在说话时加上“请”“拜托”等词语，不会造成对方的不快或恐惧，反而会给人留下一种很客气的印象。

如果大家都能够使用礼貌用语的话，那么无论人还是动植物，整个自然界都会变得开心欢快起来，想想可真棒啊。

**要点**

- 不要像下达命令一样很吓人地说话
- 使用尊敬有礼的表达方式
- 为了让对方更容易听懂，说得详细一些会显得更为亲切

## 礼貌的话语会让大家的心情也变得舒畅起来

说话时带有礼貌，对方听了也会露出笑容。

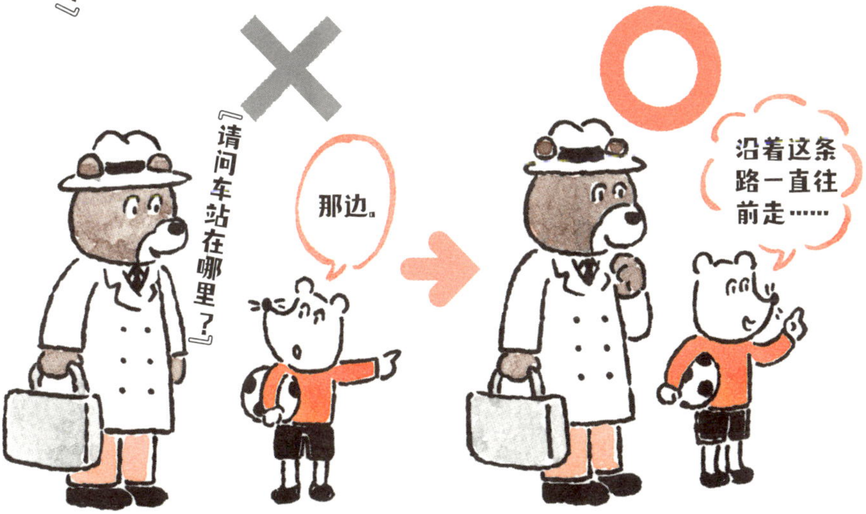


说得详细一些，对方就不会迷路了呢。

# 说话时的“位置”

你有没有想过在和别人说话时，自己应该站在哪里会显得比较合适呢？首先我们需要注意的，就是不能站在比对方高的位置上和人交谈。

如果你站得比较高的话，自然就会俯视对方，从而给人留下一种“摆架子”“逞威风”的感觉。就算自己的本意并非如此，判断一个人懂不懂礼貌也还是要由对方的感受而决定，所以我们还是尽量不要让对方觉得不快。

另外，在和朋友交谈时，大家的视线高度应该保持一致。如果对方比自己矮小的话，适当地弯一点儿腰会显得更为贴心。在和小孩子或者坐轮椅的人聊天儿时，如果能够和对方的视线高度保持一致，大家也会觉得你是一个很亲切的人呢。让我们将自己内心的那份温柔不断地转化为具体的行动吧！

**要点**

- 说话时不能俯视对方
- 在与朋友聊天儿时，大家的视线高度要保持一致
- 聊得开心时，大家可以并排坐在一起，或者选择 45 度到 90 度的位置坐好
- 在毕恭毕敬地与人交谈时，我们应该正对着对方坐好

## 与人说话时俯视对方，会让人感觉是在摆架子、逞威风

站在比对方高的位置说话时，不自觉地就会俯视对方，很可能会招致别人的不满。

# 与长辈交谈时……

在与长辈交谈时，我们也要留心关注一下自己的仪容，看一看头发有没有乱蓬蓬的，确认一下衣服上有没有褶皱或者污渍。

一个人整洁的仪容能够反映出对别人的尊敬之情，而良好的形象也会让对方感到心情愉快。

另外，在交谈开始之初和结束之际，我们都要记得好好地和对方寒暄问候。一般开始时会说“早上好”“麻烦您了”等等，而结束时则需要用“非常感谢”等说法来表示谢意。这样一来，对方的心情也会变得更加的愉快。

在表示感谢时，如果我们能在“非常感谢”之前加上“百忙之中多有打扰”或者“您特意抽出时间”等说法的话，那可就非常完美啦。

**要点**

- 不要忘记表示感谢，如“谢谢您的这番话”
- 主动打招呼并致意
- 就算心里很紧张，也不要忘了露出微笑（不过，在被批评教育的时候可是不能笑的）

说话时的基本原则是要正对着对方。为了给人留下有礼貌的良好印象，我们最好不要站在或者坐在长辈的旁边。

别忘了对着镜子整理一下仪容，毕竟外表也能反映出我们的“心灵”呢。

# 与人说话时不要“开门见山”

在面对家人和朋友，又或是学校的老师、商店的店员时，如果我们有话想说或者有事想问的话，你是会选择先说一个开场白呢，还是会选择直截了当地上来就让对方告诉你“这是什么”？

在和别人搭话的时候，我们要学会使用“您现在说话方便吗？”“我有点儿事情想要问您，您可以告诉我吗？”等语句来作为铺垫。这样一来，对方就会高高兴兴地听我们说话了。

英国的小孩子在和别人说话时都会先说“Excuse me（请问你现在方便吗）”，并在得到对方的肯定回答之后再开始与人交谈。我时常感慨，这些孩子真的是太有礼貌了。

综上所述，在有了这样简短的开场白之后，对方便能够轻松愉快地与我们进行交谈啦。

**要点**

- 与人说话时应该先走近对方
- 不要上来就“开门见山”，而是应该先询问对方是否方便
- 就算有些害羞，也要鼓起勇气主动开口
- 与人说话时，表情要轻松愉悦

如果知道对方名字的话，我们在开始沟通之前应该先喊一下名字，如“xx 同学，你现在方便说话吗？”等等。

# 拜托别人帮忙时应该怎么说？

在拜托别人帮忙时，我们的语气一定要客气一些。比如在想和对方换座位的时候，我们要使用“你能和我换一下位置吗？”等语句来征求对方的同意，而不能上来就一厢情愿地直接让对方“把位子换一下”。

试想，如果别人使用后一种方式来和你说话，你又会作何感想呢？

所以，在拜托别人帮忙的时候，首先就需要让对方感到心情舒畅。这样一来，对方也就更容易答应我们的请求。如果对方能够高高兴兴地答应帮忙，彼此也都会变得开心起来呢。

另外，对方同意帮忙时我们一定要记得表示感谢。“我真是太高兴了！”“你可是帮了大忙了！”……如果能将这样的心情也一并告诉对方的话，对方就会感到自己做了一件好事，心情也会变得更加舒畅。

**要点**

- 拜托别人帮忙时，不能使用命令式的语气
- 拜托别人帮忙时，我们要看着对方的眼睛
- 如果对方愿意帮忙，一定要记得表示感谢
- 拜托别人帮忙的原因也要说明。这样一来，对方就会更容易答应我们的请求了呢

走到对方的面前打声招呼。

将需要帮忙的事情及原因告诉对方。

# 会说话的人，同样也会倾听

在和人说话的时候，我们一定不要忘记了对方的存在。不听别人说话，只是自顾自地说个不停，这种做法是很没有礼貌的。正所谓“会说话的人懂得倾听”，能够耐心倾听的人自然也能够把话说得漂亮。所以，如果我们想要学会说话，首先就要从认真听别人说话做起。

在听别人说话时，我们还要记得不时地点一点头，用“哇”“好厉害啊”等话语来发表一下自己的感想。这样做不仅会让说话的人感到开心，也会给人留下一种“认真听别人说话”的良好印象。

另外，别人正在说话的时候，我们是不可以随意开始高谈阔论的。如果想要发表意见的话，需要等到对方说完之后再开始。

**要点**

- 说话时要集中精神，不可以东张西望
- 听别人说话时记得不时地点一点头
- 使用“哇”“好厉害啊”等话语来表达自己的感想，会让对方更为开心
- 等到对方说完之后再开始说话

在说话的时候，可不要
忘了对方的存在。
好棒啊!
嗯嗯。

# 别忘了回应对方

大家应该一直都是用“欸”来回应对方的吧？当有人叫到自己的名字时，我们也同样应该充满活力地应一声“欸”。现在，我们就不妨试着来练习一下吧？让我们大声地去回应对方。预备，起——“欸！”

你有没有好好地喊出声来呢？

给予对方一定的回应，其实就是在表明自己并没有无视对方的存在。大家肯定都不喜欢被人无视的感觉吧？有鉴于此，我们才更应该认真地回应对方。

另外，当别人有求于你或是对你提出批评时，又或者在询问你是否听懂了的时候，如果我们真的懂了，就要精神饱满地给予对方一个肯定的回应。不仅如此，要是能在肯定的回应之后再补充一句“我明白了”的话，可就要给你打200分了哟。

**要点**

- 别人来和自己说话时，我们应该先给予对方一个回应
- 如果别人来找自己帮忙，回应时记得加上一句“好的，我知道了”或者“我明白了”
- 用“嗯嗯”等表达方式来表示自己正在认真听
- 一句“没问题”是给别人的最佳礼物

别人在和自己说话时，我们绝对
不可以沉默着一言不发。
回应对方是打招呼的一种方式，
更是一种沟通。

## 写给家长的一段话

当孩子叫你的时候，你是不是经常会反问孩子“有什么事情”呢？让孩子在学校及社会生活中构筑起良好的人际关系，学会应答这一点显得尤为重要。所以在家里的时候，无论是别人找你说话还是有人正在喊你，各位家长都应该注意选择“欸，有什么事吗？”的方式来进行回答。这样一来，我们就能够利用一句简单的回应来开启一段顺畅的交流了。

# 有人来找自己时要记得面向对方

无论是有人来找自己聊天还是被人叫到了名字，我们都应该给予相应的回应。

此外，这时我们还要注意将整个身体转向对方。在朝着对方转过去的时候并不能简单地只是把脸转过去就行了，从头到脚整个转过身去的做法才更能让人觉得彬彬有礼。否则很有可能会让对方觉得我们只是在“敷衍了事”，所以一定要多加注意。

为了在不失礼节的前提下实现让人轻松愉悦的礼貌沟通，“心灵”“话语”和“行动”都显得至关重要。具体来说，当我们抱有对他人的关切之心时，就会使用话语来回应对方，并由此而采取行动——将整个身体转向对方。心灵、话语和行动作为三大要素，我们一定要好好地记在心里。

**要点**

- 有人来找自己聊天时，我们应该将身体转向对方
- 有人来找自己聊天时，我们不能视而不见
- 不要忘记“心灵、话语、行动”三大要素

当别人来和自己打招呼时，将身体转向对方的动作会令对方感到非常愉快。

## 写给家长的一段话

当抱有对他人的关切之心时，我们的话语和行动也会变得统一起来。“心灵、话语、行动”作为一个整体，也就是我们所说的“三大要素”。在学习礼仪知识时，我们不能只是单纯地关注话语和行动等外在的形式，因为我们抱有着一颗关怀他人的心，所以才会将其反映在话语和行动之上。把这一内容告诉孩子，不仅能够使孩子学到受用一生的礼仪知识，而且还能帮助孩子获得成功，幸福一生。

# 别人说话时不能插嘴

如果在和别人聊得开心的时候突然有人插嘴，你会怎么想呢？

在别人正在说话的时候突然中途插嘴，是一种很不礼貌的行为。毕竟人家聊得正好，突然有其他人开始高谈阔论的话，就会打乱原本聊天儿的节奏。所以，如果想要加入别人的对话，就要等到对话告一段落的时候再开口。

另外，在加入别人的对话时，我们首先要询问一下对方的意见，如“我可以和你们一起聊天儿吗？”“可以带我一个吗？”等，并在得到对方“好呀”“可以”等肯定回答之后，再参与到别人的对话之中。毕竟，得到了对方的肯定，大家才能够一起开心融洽地聊天儿交流。

如果别人正聊得火热的话，我们可以选择在旁边等上一会儿，或者先暂时离开，过段时间再回来看看也是可以的。

**要点**

- 不要在别人正在说话的时候突然插话
- 别人的对话告一段落时，便是我们参与对话的绝佳时机
- 想要发表意见时，要取得对方的允许

在别人正在说话的时候突然插嘴，
可是会打乱人家聊天儿的节奏的。

# 一定不要说别人的坏话

别人说自己的坏话时，应该没有人会感到开心吧？对此，你又是怎么想的呢？

说别人的坏话，到头来也会被人说自己的坏话。

有人说自己的坏话，我们的心里就会觉得十分受伤。

如果万一不小心说了对方的坏话、伤害了对方的感情，我们要立刻向其表示歉意，然后再一起好好地相处。

说别人的坏话，其实也是欺凌别人的一种方式。一个人随随便便说出来或者写出来的坏话很可能会让当事一方感到失落沮丧，甚至还会在心里留下一道永生难忘的伤疤。要知道，说话的人也许很快就会忘记自己所说的话，但是被说的人却可能一生都对此难以释怀。

作为懂得关心他人的乖孩子，我们不但不应该说别人的坏话，而且还要能够发现别人的长处并学会称赞对方。另外，在互联网上我们也不能乱写别人的坏话。

**要点**

- 在别人背后悄悄地说坏话也是很不礼貌的
- 说别人的坏话也是一种语言上的暴力
- 有意见的时候，要在当事人的面前堂堂正正地说出来我们不应该在背后议论别人。
说别人的坏话，到头来也会因为别人
说自己的坏话而感到不悦。

# 道歉的时候应该怎么说呢？

弄坏了朋友的东西，弄丢了从朋友那里借来的书……你是否也曾有过类似这样惹朋友生气的经历呢？在这种时候，我们不仅要老老实实地将实情告诉对方，而且还要记得向朋友表示歉意。

另外，在大家玩得开心的时候我们也可能会不小心弄伤朋友。一旦发生了这种情况，我们要立刻表示对不起，询问朋友有无大碍，并与家人取得联系，或者帮助朋友处理一下伤口。

可能有人会觉得自己不是有意的，干吗非要道歉。事实上，道歉既不意味着失败，也不是什么丢人的事情。

能够将“对不起”说出口来，大家以后就能够继续愉快地相处。而那些能够乖乖道歉的人，将来也一定会遇到许多的惊喜。毕竟，那些正直诚实的人才会得到大家的喜爱。

**要点**

- 丢失或损坏了别人的东西时要立刻表示歉意
- 不小心把别人弄伤时，要立刻道歉并通知家人
- 没有遵守规则或秩序时，要记得说一声“对不起”来表示歉意
- 道歉并不可耻

我们应该立刻主动表示歉意。这样一来，双方就不会感到不开心了。

# 收到礼物时要记得表达喜悦之情

收到礼物时，我们应该微笑着表示感谢，并且还要向对方鞠躬致意。

如果这个礼物是亲戚或长辈送的，那么千万别忘了告诉自己的爸爸妈妈。自己的父母也要向对方表示感谢，这才是正确的礼貌做法。

要是请对方将礼物寄了过来的话，我们要立刻打电话致谢，随后还可以写一封信来再次表达感谢之情。写信的时候，要是我们能把收到的礼物画出来，又或者是抱着礼物拍一张照片一起寄过去的话，对方一定会感到非常的开心。

虽然发一份电子邮件也是可以的，不过写信的方式会显得更为庄重，也更能将自己的开心和喜悦传递给对方。

**要点**

- 收到礼物时要记得说声“谢谢”
- 学会用话语、笑脸或鞠躬致谢等方式来表示自己很开心
- 也可以写一封感谢信寄给对方

不能死乞白赖地要求对方“送个不一样的就好了”“下次你送我xx吧”。我们一定要记得对别人的一片心意表示感激。

## 写给家长的一段话

尽管一般认为“要在3天之内表示感谢”，然而每天忙碌的生活很可能会让我们将道谢的事情一再推迟。所以在收到别人送来的东西时，我们应该养成立刻感谢致意的良好习惯。近些年来，虽然人们也会通过电子邮件的方式来表示感谢，但其实打个电话直接道谢不仅只需要几秒钟就可以搞定，而且效果也会更好。心里想着要恭恭敬敬地写一封感谢信时，反而很容易向后拖延，不知不觉间就错过道谢的最佳时间了。

另外，如果孩子收到了别人的礼物，我们可以让孩子亲自写一封感谢信，然后贴好邮票寄送出去。这些出生在信息时代的孩子们可能并不习惯于写信和寄信，我们正好可以通过这样的机会让他们亲自实践学习一下。

给孩子讲道理时，更重要的是我们大人的言传身教。通过一封小小的感谢信，各位家长也能和孩子一起得到锻炼呢。

终章

## 致各位家长——

# 礼仪不是教出来的，而是传递出来的

西出博子

### 不要“告诉”孩子，而是要“做”给孩子看

下至小学生，上至80多岁的老者，作为礼仪讲师和咨询顾问的我们每天都在向大家传递着礼仪的相关内容，并将人才培养视为自己的本职工作。而其中我们最为关注的，则是这些说起来简单的礼仪，我们自己是否能够做到。

我们从来不说自己是在“讲授”礼仪，也从来没有过这样的想法。在与孩子们接触时，我们抱有的观点也并非“讲授”，而是“传递”。我们并不是站在高高在上的角度去“讲授”什么，而是希望通过“传递”——也就是沟通和交流的力量去实现这一目标。究其原因，就在于礼仪本身其实就是要学会“站在对方的角度”。

大家可以回想一下自己年幼的时候。从家长那里学到一些东西，看起来似乎是一件稀松平常的事情。但是，大家应该也都有过嫌弃大人啰唆而不想听或者不去听的经历吧。

我们为什么希望孩子们能够懂礼仪呢？其原因就在于孩子们总归要生活在学校或其他公共场合的社会生活之中，长大成人之后还会步入社会。不仅如此，在家庭生活中其实也是一样，毕竟懂礼仪对于家长和整个家庭来说都是大有裨益的。

礼仪的意义就在于能够使人和人的交往更加开心融洽。在这里，让我给大家透露一个能够让孩子变成既听话又懂礼仪的秘诀。这个秘诀就是，那些说给孩子们听的道理，大人首先要以身作则。如果做不到以身作则，即便说得再多也不具备说服力，孩子们自然也就不会去听。对于小孩子来说，他们的成长并不是源于大人的“说教”，而是来自不断地模仿大人的行为。

事实上，我们的礼仪指导也完全遵循了这一秘诀。我们收到了学校和企业的很多反馈，都表示上了本机构礼仪老师的课程之后，无论是大人还是孩子，都能够立刻学会很多的礼仪。之所以产生如此好的效果，原因正如我刚刚所提到的那样，我们“不是讲授，而是传递”，并且我们对自己所说的内容“以身作则”。

如果你也希望孩子能听你的话，那么首先就要从自己开始，学会以身作则。这样一来，孩子自然也就会看在眼里并付诸行动了。

此外，对待孩子时我们也要学会心怀敬意，和他们建立对等的关系，仔细聆听他们的声音，这一点是非常重要的。

**要点**

对待孩子也要学会心怀敬意

## “应该在什么时候开始教孩子学礼仪呢？”有关礼仪教育的时间问题

从一个新的生命开始在妈妈的肚子里孕育的时候起，礼仪的传递就已经至关重要了。我们可以学着对肚子里的宝宝打打招呼，比如“早安”“你很活泼呢”“今天天气不错呢”等等。我们也可以摸着肚子和宝宝聊天儿。所谓礼仪教育，其实从这个时候就已经开始了。

“啊，这么早吗！我怀孕的时候没有弄这些，是不是就已经晚了呢？”即便如此，我们也大可不必慌张。因为专业人士一般认为，3岁和10岁是孩子接受礼仪教育的两个比较重要的节点。

首先在孩子3岁以前，我们应该对孩子多说好听的话（积极向上的话）。

比如“你今天也很可爱呢”“今天你哭得也很响亮，真棒”……我们一定要对孩子多说类似这种肯定性的话语。通过这一做法，就能够避免孩子性格善妒乖僻，培养孩子正向思考、学会感恩，并掌握尊敬他人、夸奖他人的能力。

我曾经在英国生活了5年的时间。在英国，妈妈就连喂宝宝喝奶时都会使用“Please, Please”（请喝吧）的表达方式。这样一来，宝宝最初掌握的发音就是“Please”，而孩子们也在幼儿时期就养成了喜欢用“请”来礼让对方的做法。在英国，这一做法也被称为“Please精神”。

从宝宝开口与人交流到孩子10岁之间，我们应该在生活中多和孩子进行良好的沟通与互动，而不是一味地命令孩子“不要干这个，不要干那个”。与此同时，我们也不应该采用“这个应该这么做”等话语，一上来就将正确的做法告诉孩子，而是应该互相对话与交流。具体来说，这时我们可以使用“这个时候应该怎么办呢？”等句式来对孩子进行提问。

比如在搭乘车站的电梯之前，我们可以说：“马上要上电梯了，现在电梯门是关着的，我们应该怎么办呢？”当然，如果周围很多人都在等电梯，而这种做法很可能会妨碍到别人的话，我们就不要这样去做了。在确保不会给别人添麻烦的前提下，这样的提问方式会让孩子养成勤动脑筋的良好习惯，并且也能够帮助孩子自然而然地学会礼貌的做法。

这一时期以10岁为限。在10岁之前，孩子应该已经养成了勤于思考、行为有礼的习惯。在10岁之前养成这样的习惯，孩子长大以后就能够根据周围的情况设身处地地为别人着想，养成自律、自立的良好品德。

## 要点

3岁以前要与孩子多进行正向沟通，10岁以前要让孩子勤于思考

## 教孩子学习餐桌礼仪时的诀窍

许多家长或者监护人过度强调用餐时的礼仪，在吃饭时不停地要求孩子这样做那样做，其实这恰恰是忘记了礼仪本质的一种本末倒置的做法。因为餐桌礼仪中最重要的一点就是和同桌的人一起轻松愉快地享受美食。

尽管如此，我还是非常能够理解家长们迫切希望在吃饭时教给孩子餐桌礼仪的良苦用心。在这里，我推荐各位家长在家里安排一个“用餐礼仪讲座”，时间控制在每天3分钟左右就可以了。这个讲座不是在用餐的时候进行的，而是由爸爸或者妈妈担任礼仪老师，以讲座的形式来给孩子上课，然后再在吃饭的时候，对孩子们是否真的做到了讲座中提到的礼仪内容来进行确认。

另外，如果发现孩子们违反了礼仪要求，我们也不能开口抱怨“干什么呢！”“不能这样！”，而是应该通过按铃等方式，让孩子们自己去发现自己究竟什么地方做错了。比如孩子吃饭时走来走去，又或者脱下来的衣服没有放好的话，我们就可以摇铃发出“丁零零”的声响。然后，我们可以语气柔和地对孩子表示“吃饭的时候走来走去对吗？”“脱下来的衣服应该怎么样？”，以此来引发孩子们的注意和思考。这样一来，我们就不用唠唠叨叨说个没完，而是通过某种游戏的感觉轻松愉快地将礼仪的内容传授给孩子。这样的方式，大家不妨试试看。

**要点**

家庭礼仪班开始上课！通过游戏的方式让孩子轻松愉快地学习礼仪

## 你有没有意识到自己正在当着别人的面训斥孩子、教育孩子呢？

如果你在大庭广众之下被人批评训斥的话，你会作何感想呢？

可能你会觉得“何必非要在这里说呢？”——事实上，小孩子也是这样认为的。

前段时间，我在某个葬礼上看到一位老人正在众人面前对自己的孩子和孙子事无巨细地进行着教育，比如“好好行礼”“安静地坐好”等等。要是那几个孩子正在调皮捣乱我还可以理解，但明明他们什么都没有做，却依然要被这样教育，让我在觉得有些过分的同时，也为这些孩子感到可怜。

尽管我不知道那位老人为什么要这样做，不过很多人却将这一行为理解成“我正在好好地教育孩子”的一种表现。

站在孩子的角度来看，家长在大庭广众之下训斥孩子、教育孩子，其实是一件非常让人敏感的事情，而且很可能会给孩子留下心理阴影，因此需要慎之又慎。

与此相对的，如果孩子正在调皮捣乱，妨碍到了别人的话，那么制止孩子的行为是我们作为父母、监护人和成年人的责任。

举例来说，在餐厅吃完饭以后，当大人们喝着咖啡聊天儿的时候，我们经常能看到有小孩子坐不住了，绕着桌子乱跑乱走。有些时候大人们正忙着说话无暇顾及孩子，周围几桌的客人就会在用餐时露出不快的表情。

在这种情况下，即便是在公共场合，我们也应该好好地管教孩子，提醒他们不要妨碍到周围的客人。大人们也希望自己能够悠闲地喝茶聊天儿，但是在带着孩子出门的时候，还是要把孩子放在首位，随时留意孩子们的举动。

另外，为了防止孩子调皮捣乱打扰到别人，事情办妥之后尽快离开也是大人应该采取的行为之一。可以说，创造一个能让孩子安静下来的环境同样也是大人的职责所在。

尽管如此，有些环境下我们确实是无法立刻离开的，比如在搭乘地铁的时候。孩子打扰到了别人，大家首先就会对这个孩子抱有负面的看法，所以这时的批评教育其实既是为了周围的人好，同样也是为了自己的孩子着想。

在教育孩子时，我们不要用“别吵了！”“老实点儿！”等训斥的话语，而是应该先向周围的人点头致歉，并表示“不好意思”“对不起”等等。在此之后，我们也不能只用嘴巴去教育孩子，而是应该站起身来，扶住孩子的肩膀或小手，温柔地告诉孩子“安安静静地坐好”。在让孩子坐在位子上之后，记得摸一摸孩子的脑袋，以表示“不是你的错，都怪妈妈在聊天儿，所以你才会有点儿吵的对不对？不好意思啊”。

由于周围还有别人在，所以这些话我们不要当时就说，而是应该在离开现场之后再好好地对孩子说。

当孩子看到自己的父母因为自己调皮而向周围的人道歉时，就会意识到是自己做了错事。此外，父母站起身来拉着自己坐下时那只大手传来的温度，应该也能让孩子感受到父母浓浓的爱意。父母的一举一动，孩子们好像没有看到，但其实却都看在了心里。在这种场合下，如果父母彬彬有礼，同样也能够加深亲子之间的感情。

## 要点

不要让孩子出丑！要用温暖的爱将孩子包裹其中，增进亲子之间的感情

## 真正的礼仪是为了养成一种温和的生活态度

我在英国生活的那段时间，每天都会被孩子们的彬彬有礼所触动。即便是面对作为陌生人的我，早上在路上或公交车站相遇时他们也会道一声“早安”。如果我掉了东西，他们会立刻捡起来，微笑着将东西归还给我。能够做出这番举动，正是由于这些孩子能够时常关注他人和周遭的事物。与此同时，也说明这里的孩子从幼年时起就具备了随时能够为对方着想的礼仪能力，而这同样表明，英国的父母和家长将礼仪的内容出色地传递给了孩子。

真正的礼仪并不是为了穿着华美的服装参加各种聚会才去学习的，它的目的其实是要让人们在日常生活中养成一种为他人着想的温和态度，营造出一种让彼此都能感到愉快的生活环境。

无论对方是大人还是孩子，如果一个人能够对任何人都做到心怀敬意，那么他在步入社会的时候，同样也会受到他人的关爱和及时的帮助，度过幸福温暖的人生。所以在我看来，为了孩子的未来考虑，我们这些大人也需要将那些并非流于表面

的真正礼仪传递给他们。

我们的宗旨是“轻松愉快地学习礼仪”。虽然大家可能会觉得礼仪很是教条，但实际上却并非如此。学好文明礼仪不仅能让我们的人生变得丰富多彩而富有趣味，还是让人们获得幸福的一条最为方便的捷径。

正是抱有着这样的想法，我们这群人今后也会将这一能够令大家感到愉悦的“真诚的礼仪”继续传递下去。

衷心希望大家能够通过本书将这种真诚的礼仪在学校或家里传递开来，在让自己的孩子懂得为他人着想的同时，一同构筑出一个能让彼此充满温暖与关怀的家庭环境、学校环境和社会环境。

**要点**

礼仪让人学会关心他人

## 参加儿童礼仪讲座之后大家的心得体会

儿童礼仪教育是人才教育的重要组成部分。作为这一领域的专业人士，我们在日本的幼儿园、中小学校及全国的文化中心等地举办了“儿童礼仪讲座”“亲子一起学礼仪”等活动。其中,“用餐礼仪”“去别人家做客时的礼仪”“公共场合的礼仪”尤其受到了大家的好评。

孩子们在轻松愉快的气氛中定期来学习礼仪知识，同样获得了巨大的改变。让我们来听一听家长和老师们关于孩子的真实反馈吧。

- “能够乖乖地坐好听老师讲课了。”
- “孩子们知道对老师、公交司机和乘客们打招呼了。”
- “不管是对老师、同学还是在家里，都知道说话要客客气气的了。”
- “知道帮弟弟妹妹和比自己小的朋友穿鞋，态度也变得很好。”
- “吃饭的时候可以很好地使用筷子、叉子和勺子等餐具了。”

在问到孩子们为什么可以如此迅速地掌握礼仪知识时，大家表示：

- “图画和道具的使用能够让孩子轻松愉快地学习礼仪。”
- “在家也能陪孩子一起玩使用筷子的游戏，所以每天都会在家练习。”
- “家长本身也学到了很多此前从未了解的礼仪知识，并将其言传身教给了自己的孩子。”

我们收到了许许多多类似的令人开心与欣慰的反馈和感想。

孩子们快快乐乐地学到了礼仪知识，在日常生活中大家都能幸福地展露笑脸。所以，我们大人也不能落后，要在每天的生活中抱着一种为别人着想的态度，与孩子们一起不断地进步和成长。

文明礼仪不仅会守护我们，同样也会给人们带来幸福。衷心地希望大家的孩子都能够学好礼仪知识，在周围人的喜爱之中度过幸福的一生。

学好文明礼仪，做出色的自己！